AF231659

LE
CURÉ D'ARS

LILLE

L. LEFORT, IMPRIMEUR-ÉDITEUR

PARIS, Ad. LECLERE, rue Cassette

LE CURÉ D'ARS

J. VIANEY Curé d'Ars
Cabasson del.
Rebort Edit.

LE

CURÉ D'ARS

Par MAXIME de MONTROND

Mirabilis Deus in sanctis suis.
Ps. LXVII.

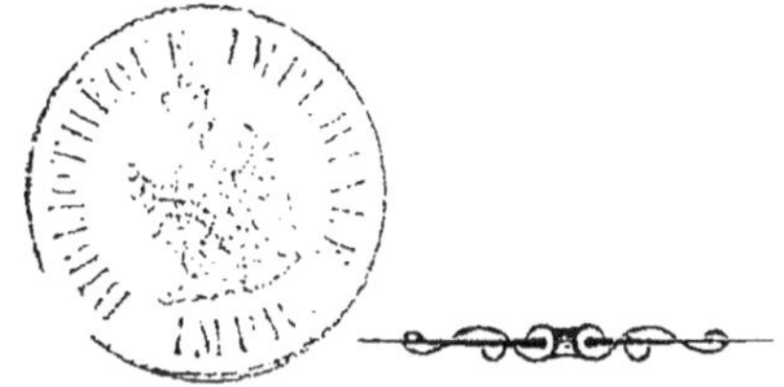

LILLE

L. LEFORT, IMPRIMEUR – LIBRAIRE

MDCCCLX

Reproduction et traduction réservées.

INTRODUCTION

Dieu est admirable dans ses saints [1]. Si dans les temps qui nous ont précédés cette parole du prophète royal s'est vérifiée, elle a reçu aussi un visible accomplissement dans notre siècle. Détournant nos regards des objets matériels, et faisant trève un instant aux vives préoccupations de nos jours, contemplons aux rayons de la foi ce qui se passe autour de nous, et recueillons les salutaires enseignements de la divine providence. Ils sont là, sous nos yeux, pour

[1] Ps. LXVII.

qui sait les voir ; il n'est nul besoin d'un grand effort pour les découvrir, les admirer et les comprendre.

Notre siècle est celui de l'or, du luxe et du sensualisme. On y adore le *Dieu lingot*, selon l'expression d'un illustre orateur [1], et cette divinité, mère féconde des plaisirs, des honneurs, des jouissances, reçoit partout d'éclatants hommages... Or, durant ce temps, que fait le Roi du ciel pour rappeler des vérités trop méconnues, trop oubliées ? Par d'illustres exemples où réside la véritable grandeur, il glorifie dès ici-bas de la plus belle auréole, de l'auréole des saints, ceux qui furent *petits*, *pauvres* et *humbles*.... Pour en trouver des exemples, il nous suffit de parcourir nos diverses provinces.

[1] L'abbé Combalot.

Il y a peu d'années encore, Rome, par l'auguste voix du chef de l'Eglise, inscrivait un nom nouveau dans le livre d'or des saints.... C'était celui d'une jeune et pauvre bergère, infirme, méprisée... C'était la *bienheureuse Germaine Cousin*, dont le modeste tombeau à Pibrac, non loin des Pyrénées, attire aujourd'hui plus de pèlerins que celui des plus illustres monarques!... Si Rome s'apprête à glorifier un autre bienheureux né dans nos provinces du Nord, quel sera-t-il? Est-ce un grand prince de la terre? Nullement; c'est un *pauvre*; c'est Benoît Labre, *le paladin de la pauvreté*... — Naguère encore, une jeune fille, Marie Eustelle, une simple ouvrière, à l'ouest de la France, aux bords de l'Océan, était prévenu des dons merveilleux de la grâce, et la science des saints n'avait plus de secrets pour elle. — Voici maintenant deux petits bergers des Alpes, à qui la Reine du ciel apparaît sur une montagne pour leur révéler ses trésors de grâces et de miséricorde. Enfin, si nous remontons à l'est de la France, nous trouvons dans un petit village de la Bresse, un humble curé, sans art, sans éloquence, qui de son vivant a vu se presser autour de lui pour en recevoir appui, conseil et force, plus de cent mille pèlerins de tout pays.... Ainsi, du midi au nord, de l'ouest à l'est, c'est partout un enseignement visible par lequel le ciel dit à la terre à haute voix : Non, la véritable grandeur n'est point dans l'or, dans les richesses, dans la science mondaine ni dans les plaisirs des sens : elle réside uniquement dans l'humilité, la piété, la charité, la sainteté....

Le vénérable curé d'Ars, enlevé tout récemment à l'affection de son bien-aimé troupeau et à l'empressement des pèlerins qui
accouraient de toutes parts pour le voir et
pour l'entendre, est un exemple merveilleux
qui confond l'orgueil et la vaine sagesse de
notre siècle. A une époque où l'homme
infatué de sa science et de sa propre raison
prétend ne relever que de lui-même, ne se
guider que par les lumières de son esprit,
quel spectacle plus digne d'étude et plus
fécond en enseignements que celui d'un
humble prêtre, au fond d'une campagne,
voyant accourir à lui de tous les points de
la France et des pays lointains, des personnes de tout âge, de tout rang, pour
implorer ses conseils, ses lumières et le

prendre pour guide de leur conscience! Si c'est au titre de confesseur que le curé d'Ars doit son immense renommée et tout le bien que la Providence lui a donné d'accomplir, combien sa vie offre une preuve éclatante de la divinité d'une institution que tant de *beaux esprits* s'efforcent de reléguer au rang des inventions humaines!

Nous venons l'esquisser à notre tour, après quelques autres, cette vie humble, cachée d'un pauvre prêtre de campagne, cette vie devenue malgré lui si publique et si glorieuse....

Nous avons voulu, avant d'écrire ces pages, aller prier et pleurer sur son tombeau. En revenant de Lyon à Paris, nous avons détourné notre marche pour visiter le village d'Ars... Agenouillé sur la tombe du vénérable prêtre, nous l'avons prié de bénir ce petit livre, dont une très-grande simplicité doit faire le principal mérite. Puis interrogeant quelques-uns des habitants du bourg, nous avons recueilli de leur bouche divers récits qu'on trouvera reproduits dans ce volume. Puisse cet hommage rendu au vénérable curé de village, dont l'Eglise de France s'honore à si juste titre, produire quelque bien dans les âmes, en attendant le jour peu éloigné, nous l'espérons, où la voix du Vicaire de Jésus-Christ, interprète de la voix des peuples, placera la couronne des saints sur l'humble front couronné ici-bas de tant de vertus !...

DÉCLARATION.

En présence de la sainte Eglise, notre mère, nous déclarons dans la filiale obéissance, qu'en tout ce qui concerne les vertus, les miracles et les grâces extraordinaires du curé d'Ars, nous n'avons prétendu donner à nos paroles d'autre force que celle d'un témoignage historique. De même, en ce qui regarde le titre de *vénérable*, de *saint*, donné à ce serviteur de Dieu, nous n'avons entendu exprimer par là que l'innocence de sa vie et l'excellence de ses vertus, sans vouloir en rien prévenir le jugement du Saint-Siége apostolique.

LE CURÉ D'ARS

❖

CHAPITRE PREMIER

Le village d'Ars. — M. Vianey avant sa nomination à la
cure d'Ars.

Dans l'ancienne province de Bresse, et le département de l'Ain, non loin de la rive gauche
de la Saône, il est un pauvre et petit village de
quelques centaines d'habitants. Derrière l'église,
isolée sur une assez vaste place, s'élève une grande

croix. On découvre tout autour quelques cons-
tructions récentes : ce sont des auberges, ou des
magasins d'objets de piété. Les autres bâtiments
qu'on voit dans ce village sont des masures habi-
tées par des cultivateurs.... Mais pourquoi ces
hôtels à l'usage des pèlerins?... Pourquoi toutes
ces boutiques d'objets pieux?... D'où vient ce concours d'étrangers et de voyageurs? — Il n'y a ici
qu'un petit paysage très-borné, sans grands hori-
zons et sans accidents singuliers ; les champs et
les haies de la Dombes frappent seuls les regards.
On n'aperçoit rien qui puisse flatter ou charmer
les curieux. Dépourvu d'ailleurs de grandes voies
de communication, éloigné des centres de population et de commerce, ce pauvre petit village ne
semblait-il pas condamné à vivre dans une sorte
d'isolement, à peu près comme ces bourgades
perdues au milieu des neiges et des avalanches
de la Savoie, et que viennent fouler rarement les
pas d'un étranger?...

Il n'en a point été ainsi.... Un phénomène s'est
produit, dont nous devons rechercher la cause.

Ce petit village d'Ars a vu, dans ces derniers temps, bien plus que les grandes cités, d'innombrables étrangers arriver sur son territoire. On a calculé que, dans le cours de l'année dernière (1858), il était venu plus de quatre-vingt mille pèlerins à Ars. Si tous ne *se confessaient* pas au terme de leur voyage, tous du moins voulaient voir et entendre un *saint confesseur*, et tous sans exception s'en allaient vivement impressionnés, émerveillés de ce qu'ils avaient vu, entendu, et se promettant de revenir.... On connaît d'illustres personnages qui ont fait jusqu'à *cent et deux cents lieues* pour accomplir le pieux voyage.

Quel était donc ce *saint* qui attirait dans un petit village d'un coin de la Bresse un si étonnant concours de pèlerins? C'est ce que nous allons maintenant essayer de raconter...

Le 8 mai 1786, naquit au village de Dardilly, à deux lieues de Lyon, de Matthieu Vianey et de Marie Béluze, sa femme, un troisième enfant, qui fut nommé à son baptême *Jean-Baptiste-Marie*. Dès l'âge le plus tendre on put remarquer en lui

un grand amour pour le recueillement et la prière ,
et une charité non moins grande envers les pauvres [1]. Mais il était loin de montrer cette vive et
précoce intelligence que les parents sont heureux

[1] On rapporte au sujet de sa piété, un trait simple et touchant. Parvenu à l'âge de neuf à dix ans, il allait travailler
aux champs avec François son frère aîné, qui, étant plus robuste
et plus fort, avançait plus vite l'ouvrage, lorsqu'il s'agissait
de façonner la vigne au hoyau... Jean-Marie se plaignait quelquefois à sa mère que François allait trop vite et qu'il ne pouvait le suivre. Une religieuse que l'orage révolutionnaire avait
fait rentrer chez elle à Dardilly, ayant remarqué la piété de
cet enfant, lui fit cadeau d'une statuette en bois de la sainte
Vierge. « Muni de cette pieuse image , mon frère, écrit la sœur
du curé d'Ars (Mme veuve G***), crut ou espéra y trouver
un renfort et un soutien contre l'activité de François au
travail de la vigne. La première fois qu'on les y envoya, il eut
le soin avant de commencer sa passée d'y jeter bien avant
la statuette, et en avançant vers elle, de prier la très-sainte
Vierge de l'aider à atteindre son frère. Parvenu à l'image, il
la ramassait le plus vite possible, la jetait de nouveau, reprenait son hoyau, priait, avançait à l'égal de François, qui,
étonné, alla dire à notre mère, le soir, que la sainte Vierge avait
bien aidé Jean-Marie, attendu qu'il avait fait autant de travail
que lui. »

et fiers de découvrir dans leurs enfants, et qui semble à leurs yeux prévenus le signe d'une destinée peu commune. Vers l'âge de quatorze ans, Jean-Baptiste fut placé chez un bon prêtre des environs, qui ayant remarqué ses heureuses dispositions à la piété, se chargea volontiers de l'élever et de l'instruire ; c'était M. l'abbé Balley, ancien génovéfain, curé du village d'Ecully, près Lyon. A l'école de ce digne prêtre, à l'ombre et dans la paix d'un humble presbytère de campagne, le jeune Vianey reçut les premières leçons de science et de vertu, qui devaient le préparer à être un jour lui-même le guide éclairé de milliers de fidèles et le modèle des pasteurs.

La reconnaissance est la vertu des nobles âmes. Le curé d'Ars conserva toute sa vie la plus touchante affection pour son premier maître : il n'en parlait jamais qu'avec des yeux pleins de larmes.

En 1809, la conscription envoyait le jeune Vianey en Espagne. Ainsi semblait se fermer devant lui la sainte carrière qui avait commencé à s'ouvrir sous ses pas. Mais la Providence lui vint en aide : une maladie le retint d'abord quelque temps dans les hôpitaux de Lyon et de Roanne ; bientôt après, son frère cadet, François, le cinquième enfant de Matthieu Vianey, le remplaça sous les drapeaux, pour aller périr dans cette campagne de Russie qui devait coûter tant de sang à la France.

Libre du service militaire, Jean-Baptiste Vianey, devint instituteur aux Noës, village à quelques lieues de Roanne. Ces humbles fonctions, remplies avec tout le dévouement qu'inspire la foi, loin d'éloigner le pieux jeune homme de sa première vocation, ne servirent au contraire qu'à l'y ramener. L'instituteur chrétien, que Dieu destinait à une mission plus sublime encore, reprit ses études cléricales au petit séminaire de Verrières, près Montbrison. Il s'y distingua par sa piété et son bon vouloir bien plus que par le succès dans les études. Mais pourquoi parler de succès ? Il n'en eut aucun réellement, dans le sens ordinaire de ce mot, et s'il fut plus tard admis à l'ordination, il le dut moins à sa capacité qu'à son esprit de véritable et solide dévotion. Un prêtre éminent, racontant, il y a quelques années, chez un vénérable curé de Paris, qu'il avait été au séminaire le condisciple de M. Vianey, s'exprimait ainsi : « Il était si humble, si doux, si timide et si naïf, que nous l'avions surnommé dédaigneusement le *simple*; et nous supposions à peine, nous les *forts*, les *savants*, qu'il eut la capacité suffisante pour recevoir les ordres. *Aujourd'hui, lui est un saint, et nous nous ne sommes rien.* » Celui qui du ciel jette un regard de complaisance sur les humbles [1], s'était réservé lui-même de donner à son serviteur la vraie science, cette science qui ne vient point des longs efforts de l'homme, mais qui descend directement d'en haut, du *Père des lumières*, pour éclairer des plus purs rayons de la grâce les intelligences et les cœurs.

Tel fut le jeune séminariste. Quand il se présenta pour entrer au séminaire de Saint-Irénée, à Lyon, on fit quelque difficulté pour le recevoir : on le trouvait incapable du saint ministère. Il

[1] Ps. CXXXVII.

fallut qu'un prêtre vénéré dans le diocèse et juste appréciateur du mérite du jeune Vianey se portât en quelque sorte sa caution, en assurant que les lumières divines suppléaient en lui aux sciences humaines.

Jean-Baptiste-Marie Vianey reçut donc la tonsure, le 28 mai 1811, des mains de Mgr Claude Simon, évêque de Grenoble. Au mois de juin 1815, il reçut le diaconat; enfin il fut ordonné prêtre le 9 août de la même année. Quelques jours après, il partait pour la paroisse d'Ecully, la plus voisine de son village natal. M. Balley, son premier maître, était heureux d'avoir un tel vicaire : le nouveau prêtre commença dès lors sous ce titre la vie d'immolation, de sacrifice et de charité qu'il devait continuer jusqu'à son dernier soupir.

Pressé que nous sommes d'amener nos lecteurs sur le principal théâtre des vertus de M. Vianey, nous ne suivrons point le digne vicaire dans les débuts de son ministère à Ecully. Bornons-nous à dire qu'il se montra déjà dans cette paroisse un modèle de pasteur, se dévouant, se faisant tout

à tous pour gagner tous les cœurs à Jésus-Christ...
Deux ans et demi plus tard, au mois de février
1818, M. Vianey était appelé à la cure d'Ars [1].
C'est là que nous devons le considérer désormais;
c'est là que durant quarante années, il va étonner
le monde par le miracle de sa vie, par la pratique
des plus humbles comme des plus sublimes vertus.

[1] Le département de l'Ain, où se trouvait Ars était alors de
la juridiction de l'archevêque de Lyon. Lorsque le diocèse de
Belley fut reconstitué, Ars appartint à ce diocèse, et M. Vianey
resta dans sa paroisse.

CHAPITRE II

Un curé de campagne. — Œuvres du curé d'Ars dans sa
paroisse.

Une des plus belles missions sur la terre, une
des plus méritoires aux yeux de Dieu et des
plus utiles aux hommes, est celle du *curé de
campagne*. On l'a dit bien souvent, et l'on ne
saurait trop le répéter : Un curé de campagne
c'est une providence visible qui, venant établir
sa demeure au milieu de plusieurs centaines
d'hommes des champs, se dévoue entièrement à
eux, pour les consoler, les fortifier, les bénir,
les aimer, partager leurs fatigues et leurs
travaux, les instruire, et enfin, à force de
sueurs, guider sûrement leurs pas dans la route

du ciel. Mais comment remplir dignement cette mission sublime? On le peut par la charité. Le cœur d'un prêtre qui aime Dieu et ses frères sait rester à la hauteur de ce divin ministère... Voulez-vous comprendre le cœur d'un vrai curé de campagne? écoutez l'un d'entre eux écrivant un jour à un ami : « Non, vous ne pouvez savoir comme un curé aime ses paroissiens, si vous ne l'êtes vous-même.... Toutes les comparaisons qu'on allègue d'une mère envers son enfant, d'une poule pour ses petits, ne l'expliquent pas assez, et tous les livres qui en parlent, n'en disent pas la moitié; il faut l'expérience pour comprendre cette vérité [1]. »

Le village d'Ars, où durant quarante ans, comme le bienheureux Fourrier à Mattaincourt, M. Vianey devait aimer d'une charité si tendre et si forte tous ses paroissiens, n'avait, comme on l'a vu plus haut, qu'une pauvre population de trois

---

[1] Lettre du B. Pierre Fourrier, dit le *bon père de Mattaincourt*, curé de la paroisse de Mattaincourt en Lorraine, au XVIIe siècle.

à quatre cents âmes. C'était un cadre approprié aux vertus d'humilité et de simplicité que la Providence voulait faire éclater dans son serviteur. Mais que de grandes choses allaient s'accomplir dans ce village obscur et ignoré de la Bresse ! D'innombrables pèlerins allaient y venir de presque tous les points du monde pour contempler un *saint*, et chercher auprès de lui force, conseils, lumière et consolation ; tant les âmes, dans notre siècle même, si vain, si matériel, ont faim et soif de tous ces dons célestes !... Avant de suivre les pèlerins, parlons un instant des paroissiens d'Ars et des premières œuvres de leur nouveau pasteur.

A peine installé dans sa cure, M. Vianey s'appliqua de tout son pouvoir à corriger les vices, à détruire les causes de relâchement ou de désordre dans sa paroisse, et à faire régner autour de lui toutes les vertus chrétiennes, dont il donnait lui-même un éclatant exemple. Les paroissiens d'Ars vivaient alors pour la plupart dans cette indifférence religieuse dont le triste spectacle vient affliger les regards en tant d'autres contrées. Les vives exhortations et les soins vigilants du zélé pasteur qui ne reculait devant aucune démarche, aucun sacrifice, en face du bien de son cher troupeau, obtinrent le plus heureux succès. Il eut enfin le bonheur de voir disparaître peu à peu, l'une après l'autre, les racines contagieuses qu'il s'efforçait d'extirper du milieu de ses pâturages, et de tarir les sources empoisonnées dont les eaux bourbeuses infectaient ce champ du père de famille confié à ses travaux. Il eut surtout la consolation de voir toute espèce de travail, le saint jour du dimanche, entièrement banni de sa paroisse. Nous reviendrons ailleurs sur ce sujet, en montrant Ars comme un modèle que chaque village devrait tenir à honneur d'imiter.

Après ce premier labeur et cet heureux succès, il s'agissait désormais de semer dans ce même champ le bon grain et de l'arroser des eaux pures de la grâce pour le rendre fécond... C'est le but que se proposa et qu'atteignit également le charitable curé par les utiles et bienfaisantes institutions dont son zèle persévérant sut enrichir sa bien-aimée paroisse.

Quelles sont ces institutions, ces œuvres, ces maisons saintes, qui ont marqué le passage du serviteur de Dieu sur le sol béni où le pèlerin aimait tant à les retrouver ? C'est d'abord l'ornement, la décoration, l'agrandissement de la petite église d'Ars, dont le triste état de dénuement avait tout d'abord affligé le cœur du pasteur. La charité des fidèles lui vint ici généreusement en aide. Des offrandes, des dons lui furent apportés successivement de toutes parts. L'église du petit village d'Ars, aujourd'hui décoré de statues, de tableaux, de reliquaires, renferme dans son enceinte agrandie, ou dans sa sacristie, des trésors que pourraient presque envier nos somptueuses cathédrales....

Ce sont ensuite de pieux usages que le digne pasteur introduisit dans sa paroisse! Ils s'y sont perpétués, et y produisent tous les jours des fruits de grâce abondants. C'est la sainte habitude de bénir l'heure qui sonne, par un *Je vous salue*

Marie, et une courte aspiration vers Dieu ; c'est la récitation du chapelet tous les dimanches après vêpres ; ou bien la pratique du *chemin de la croix*, au temps du carême et à d'autres époques : ce sont aussi les confréries du Scapulaire, du Très-Saint-Sacrement, etc. Le pieux curé recommandait souvent à ses bien-aimés paroissiens la prière qui fortifie et console ; il conseillait le saint usage d'entendre la messe tous les jours, et les fréquentes visites au très-saint Sacrement. « C'est par là, leur disait-il, que vous obtiendrez pour vous-mêmes, et pour toutes les personnes qui vous sont chères, la grâce de bien vivre et celle de bien mourir. »

La petite paroisse d'Ars, par les soins infatigables de son pasteur, se vit aussi dotée de pieux asiles qui la rendent aujourd'hui l'une des plus favorisées du diocèse de Belley. On y voit, sous le nom de *Providence*, un vaste couvent de religieuses qui se dévouent à l'éducation des jeunes filles ; d'un autre côté du village, c'est le bel établissement des *Frères de la Sainte-Famille* pour les jeunes garçons. Les dons des fidèles, coulant à flots incessants soit des mains des habitants, soit de celles des pèlerins reconnaissants des grâces obtenues, ont permis au zélé pasteur de subvenir aux frais considérables de ces deux fondations si précieuses. Une troisième était bien chère également à son cœur : c'était l'œuvre des missions.

Tout entier au salut de ses paroisiens, M. Vianey sentait cependant son cœur déborder bien au-delà du petit champ qu'il avait à cultiver : « Puisque tous les hommes sont appelés au même bonheur, se disait-il souvent, pourquoi ne m'efforcerais-je pas d'étendre à tous les soins que je donne à mon propre troupeau? » Dominé par cette pensée et voyant le bien qui se faisait autour de lui, le bon curé voulut l'étendre d'abord à tout le diocèse, de là ensuite aux pays plus éloignés.... C'est ainsi qu'il fut amené à fonder une société de missionnaires et à doter sa paroisse d'une sainte maison où résident habituellement plusieurs d'entre eux. Avant sa mort, ce digne pasteur avait déjà trouvé les fonds nécessaires pour procurer à perpétuité le bienfait de missions décennales au plus grand nombre des paroisses du diocèse de Belley. Ecoutons ici Mgr de Langalerie, dans la touchante oraison funèbre de son saint ami : « Nous avons perdu, nous avons tous perdu beaucoup; on ne remplace pas le curé d'Ars ! Dieu lui-même, dans l'intérêt de sa gloire, ne veut pas multiplier ces prodiges de grâce et de sainteté. La France entière a perdu un prêtre qui faisait son honneur, et que l'on venait visiter et consulter de toutes les provinces. Les pauvres pécheurs ! Ah ! qu'ils ont perdu en perdant le curé d'Ars !... Il avait je ne sais quelles paroles entrecoupées de sanglots et mêlées de larmes, auxquelles il était comme impossible de résister. Notre diocèse a perdu beaucoup; le curé d'Ars était sa gloire, il était aussi sa providence; il avait commencé à fonder l'œuvre des missions, qui lui était si chère; plus de quatre-vingt-dix paroisses lui devront le bienfait perpétuel d'une mission tous les dix ans... »

Sur la vaste place, entourée de maisons, où s'élève l'église d'Ars, est une grande et belle croix, qui semble dominer tout le village, comme le souvenir du vénéré pasteur qui la planta à l'un des derniers jubilés, domine aujourd'hui toute cette contrée, bénie et transformée par le passage d'un saint. — Or, sur cette place, autour de cette croix, que font tous ces groupes, ces multitudes de pèlerins? ils attendent leur tour de consulter, d'entretenir l'homme de Dieu.... Oui, la renommée du curé d'Ars n'avait pas tardé à s'étendre bien au-delà de la Bresse : bientôt on vint à lui de tous les pays. Essayons de peindre un coin de ce tableau ; ce concours extraordinaire de milliers de pèlerins dans un pauvre village offre l'un des spectacles les plus étonnants et les plus instructifs qu'il ait été donné à notre siècle de contempler.

CHAPITRE III

Les pèlerins.

Ecoutons d'abord l'un de ces pèlerins. C'est un illustre prélat, venu du fond de l'Angleterre. « Non-seulement le curé d'Ars, dit Mgr de Birmingham, a tiré sa paroisse d'un état de grande indifférence religieuse et lui a imprimé des profondes habitudes de piété et de dévotion, mais encore, par sa réputation de sainteté et d'habile directeur, il a le pouvoir d'attirer tous les jours à Ars une immense multitude de personnes qui viennent le voir et l'entretenir.

« Le 18 mai 1854, avec un de mes amis, je faisais une visite au saint prêtre. Depuis Lyon, et pendant toute la route, nous rencontrions des personnes revenant d'Ars. Ce petit village est devenu un lieu de pélerinages. L'affluence des visiteurs est si grande, que des voitures partent journellement de Lyon et des villes environnantes pour l'église d'Ars. A chaque instant on rencontre des voitures publiques et particulières qui font le même trajet, tandis que le pauvre chemine paisiblement sur la route.... »

Si la réputation de sainteté du curé d'Ars, propagée au loin, fut la première cause de ce concours, d'autres vinrent s'y ajouter bientôt et l'accrurent ensuite d'année en année. Le pieux pasteur avait le don des miracles, et la confiance des peuples en attend encore de lui après sa mort. A l'Eglise seule sans doute il appartient de caractériser les guérisons merveilleuses et tous les autres faits prodigieux qu'on attribue à ce grand serviteur de Dieu ; mais sans vouloir prévenir le jugement du Saint-Siége apostolique, disons pourtant que des faits surprenants, entre autres la multiplication du blé dans les greniers des Sœurs de la Providence d'Ars, ne durent pas peu contribuer à répandre au loin la réputation de l'humble curé, dont tout le désir était de rester obscur et ignoré.

Quoi qu'il en soit, les visiteurs affluèrent. Dès l'an 1834, on avait déjà organisé, à l'usage des pèlerins, un service de voitures publiques se rendant de Lyon à Ars. La distance est de sept à huit lieues. Bientôt huit ou dix grandes voitures suffirent à peine chaque jour à l'affluence des pèlerins, dont le nombre allait toujours croissant. L'administration publique dut elle-même s'occuper de ce concours extraordinaire, et des chemins étroits, impraticables dans l'origine, furent transformés en grandes routes. Lorsque le chemin de fer de Lyon vint faciliter le transport, l'affluence s'accrut encore; la compagnie crut devoir aussi s'occuper d'Ars, et elle offrit des conditions particulières pour cette destination.

Que devaient trouver tous ces pèlerins après un voyage quelquefois très-long? Nous l'avons dit plus haut, il n'y avait dans ce pauvre village rien

qui pût flatter ou charmer les curieux. Mais ils
y trouvaient un homme de Dieu, un homme dévoué à la pénitence, un *confesseur*. « La Providence a voulu que pendant vingt-cinq ans
les populations du dix-neuvième siècle, si amoureuses de toutes les vanités, vinssent en foule
à Ars rendre hommage à l'humilité et à la simplicité. Pendant que les beaux esprits de nos
jours s'évertuaient contre la confession et ses in-
fluences, le peuple leur répondait en allant à
Ars vénérer un *confesseur*. Le saint curé pouvait avoir bien d'autres titres au respect et à
l'empressement qu'il attirait ; mais le caractère de *confesseur* dominait tout aux yeux des
pèlerins ; c'était au confesseur que cette multitude, arrivant à Ars de tous les points,
voulait avoir à faire. La vie du curé d'Ars
s'est passée, à la lettre, dans le confessionnal. Il y entrait dès une heure du matin ;
il n'en sortait qu'à huit ou neuf heures du
soir. Sur les vingt heures qui composaient
ainsi sa journée de travail, il prenait le temps

de sa messe et de son action de grâces [1]. »

A tous ces pèlerins qui affluaient à Ars, on aurait pu demander, comme autrefois le Sauveur Jésus aux foules qui accouraient vers Jean-Baptiste : « Qu'êtes-vous *allé voir dans le désert?* Un homme vêtu avec mollesse et flatteur des passions?... O ! non, ceux qui sont vêtus mollement habitent les demeures des rois... *Mais qu'êtes-vous allé voir?* » Ils vous auraient répondu : « C'est un autre Jean-Baptiste, c'est un homme humble, pauvre et pénitent, menant la vie la plus austère, la plus rude ; mais un homme grand en paroles et en œuvres, un *saint*, en un mot, dont la vue seule est une éloquente prédication, et dont la voix inspirée pénètre jusqu'au fond des cœurs pour les toucher, les calmer, les consoler, enfin les convertir !

Ce caractère de *saint* dominait tous les autres dans le curé d'Ars. « Des saints, ô mon Dieu ! donnez-nous des saints ! il y a si longtemps que nous n'en avons vu, nous en avions tant autrefois ! »

[1] Léon Aubineau.

Cette ardente aspiration du P. Lacordaire dans une de ses premières conférences de Notre-Dame avait été entendue; Dieu avait donné à la terre un nouveau *saint* qui faisait comprendre tout ce qu'on raconte des plus illustres serviteurs de Dieu. « Avant d'être venu à Ars et d'avoir vu le *bon père* (nom que donnaient les pèlerins au curé d'Ars), je ne croyais pas, disait naïvement un homme du peuple à un missionnaire, à ce qui est raconté dans la vie des saints; bien des choses me paraissaient impossibles. Maintenant je crois tout, parce que j'ai vu de mes yeux toutes ces choses et plus encore; alors je me dis : *Qui peut le plus, peut le moins.* »

Tous les pèlerins, quels qu'ils fussent, étaient accueillis par le *bon père* avec la plus ardente charité. Chacun avait son tour. Chose étrange et vraiment incroyable si des milliers de témoins ne l'attestaient, au dix-neuvième siècle, le pauvre confessionnal d'un humble curé de campagne a vu plus de monde se presser autour de lui que le trône des plus puissants rois!.... Si matin que le curé se levât pour venir occuper ce nouveau trône de grâce, de pardon et d'amour, où se révélaient son autorité et sa puissance, les pèlerins l'avaient devancé et l'attendaient à la porte de son église. Un grand nombre d'entre eux passaient la nuit même pour être assurés d'arriver jusqu'à lui dans la matinée. « On avait établi une certaine règle, dit ici un biographe ; le curé avait des heures consacrées particulièrement aux hommes. Il les entendait d'ordinaire dans la sacristie, et ils remplissaient le chœur de l'église en attendant que leur tour fût venu. Tout se faisait avec ordre, et l'arrivée de chacun déterminait son rang. Ordinairement, et à moins d'une affluence inaccoutumée de pèlerins, un homme, après quarante-huit heures d'attente, était assuré de parler au curé d'Ars. Mais il y avait les privilégiés ; quelquefois le curé les distinguait au milieu de l'affluence et les appelait lui-même. Le peuple, qui aime toujours les merveilles, prétendait que le discernement du saint curé lui faisait reconnaître ceux que quelques obstacles eussent empêché d'attendre et qui avaient des raisons particulières de s'adresser à lui.

» On remarquait, dans ce saint personnage, l'exténuation du corps humain poussée jusqu'à ses dernières limites. Dans son visage amaigri et détruit, pour ainsi dire, les yeux seuls marquaient la vie ; ils dardaient des étincelles lorsqu'il parlait de l'amour divin. Sa voix était comme un souffle insaisissable ; elle expirait dans les larmes aussitôt qu'il arrivait à parler de la bonté de Dieu ou de la perversité du péché.

» Les grandes lumières ne vont pas sans les grandes mortifications. Sous ce dernier rapport, la vie du curé d'Ars était toute merveilleuse. Pendant les dernières années de son épiscopat, Mgr Devie, de vénérable mémoire, l'avait obligé à apporter quelque adoucissement à son régime et d'ajouter un peu de lait, je crois, à sa chétive nourriture. Son corps n'était rien pour lui, il l'appelait son cadavre. Bien que les hommes n'aiment pas la pénitence, il est probable que

les beaux traits qu'il en portait dans toute sa
personne étaient pour quelque chose dans l'enthousiasme excité par sa présence [1]. »

[1] Léon Aubineau.

CHAPITRE IV

Suite des pèlerinages. — Anecdotes et faits divers.

Les pèlerinages poursuivaient leur cours; ils
s'accroissaient chaque année, et avec eux croissait
aussi la réputation de sainteté du curé d'Ars. Les
pèlerins, à leur retour, redisaient ce qu'ils avaient
vu, entendu; et d'autres, à leur exemple, s'ache-
minaient vers l'humble village pour visiter et
consulter aussi l'homme de Dieu. Ecoutons l'un
de ces voyageurs des dernières années. « Il nous
a été donné, à nous aussi, de voir et d'entretenir
le pieux curé d'Ars, et jamais nous n'oublierons
l'indicible impression qui nous en est restée. A
l'aspect de ce corps débile, de ces cheveux d'une

blancheur de neige, de cette figure creusée par des macérations incroyables, mais qui s'illuminait tout à coup sous ses regards d'élu, nous n'avons pu d'abord que tomber à genoux et pleurer; et ce pauvre vieillard, confus de l'émotion qu'il faisait naître, nous pressait tendrement les mains, épanchait son cœur en paroles célestes, et s'efforçait de nous relever. Nous l'avons vu encore, dans l'humble chaire de son église, parler de Dieu à une foule affamée de l'entendre. Sa voix, tantôt brisée par les larmes qu'amenait le souvenir des péchés des hommes, tantôt frémissante d'amour comme l'hymne d'un séraphin, remuait tous ses auditeurs jusqu'au plus profond de l'âme. Nous étions là haletants, suspendus à ses lèvres, souriant et pleurant avec lui. Nous l'avons vu enfin dans une dernière circonstance qu'on nous permettra de rapporter ici avec les naïfs détails qu'elle comporte. Il était midi, et tous les étrangers accourus à Ars prenaient alors leur repas, lorsqu'une voix s'écrie soudain : *Voilà le saint curé qui passe !* Aussitôt toutes les maisons se vident, et mille personnes se précipitent dans la rue, déjà pleine de pauvres villageois. M. Vianey la traversait en effet, couvert d'un grossier surplis, pour aller visiter ses chers malades. Un homme marchait, les bras étendus, derrière l'excellent pasteur, afin de le protéger contre l'empressement parfois indiscret de la multitude. Les uns baisaient ses vêtements, les autres lui demandaient quelqu'une des petites médailles qu'il distribuait en abondance, les mères lui présentaient leurs enfants pour qu'il daignât les bénir, et chacun regagnait ensuite sa demeure, heureux et consolé [1]. »

Si les pieux pèlerins d'Ars, trouvant auprès du bon curé la paix, la consolation avec d'utiles conseils, s'applaudissaient toujours de leur voyage, quelques autres cependant, qu'attirait la seule curiosité, étaient d'abord singulièrement trompés dans leur attente. On cite à ce sujet un fait assez curieux. Un bel esprit, philosophe, qui n'avait d'autre culte que celui des sens et de la raison, vint il y a quelques années à Ars pour voir, de

[1] Journal *le Bien public* (août 1859).

ses propres yeux , cet homme étrange dont la renommée racontait tant de merveilles. Un philosophe ne devrait point juger les hommes et les choses d'après les simples apparences; notre bel esprit suivit ici néanmoins l'habitude vulgaire. A la vue du pauvre curé grossièrement vêtu , baissant modestement les yeux , parlant un langage d'une simplicité extrême , et n'offrant dans sa physionomie aucune autre distinction qu'une empreinte mystérieuse des vertus sacerdotales , cet étranger fut grandement déçu. On l'entendait murmurer avec un ironique et dédaigneux sourire : *Ce n'est que ça !... Si j'avais su !....* Le bon curé sortait alors de l'église. S'apercevant du cruel mécompte du pauvre philosophe , il crut devoir , par charité , lui adresser au moins une parole de consolation : « Hélas ! Monsieur , lui dit-il d'un ton affectueux et peiné , je suis très-contrarié que l'on vous ait trompé et fait faire ainsi inutilement peut-être un long voyage. Il ne fallait pas certainement venir de si loin pour voir le plus misérable et le plus ignorant des hommes. » Ces quelques paroles frappèrent l'âme de l'incrédule, qui s'écria ravi d'admiration et déjà converti : *Voilà bien l'homme que je cherchais !*

Divers traits qu'on raconte du vénérable curé d'Ars portent à croire qu'il joignait au don du discernement des esprits, celui de lire au fond des consciences, et parfois même le don de prophétie. Nous entendions naguère une noble dame du Midi nous raconter, dans un langage plein d'émotion, que s'étant rendue à Ars pour obtenir la guérison d'une maladie, elle fut distinguée dans la foule des fidèles par le charitable pasteur, lequel lui faisant signe d'approcher, lui découvrit les besoins de son âme, et devint tout aussitôt pour elle un guide sûr et un père tendre dont le souvenir vivra éternellement dans son cœur reconnaissant. Et cette noble dame, en me parlant ainsi, avait les yeux mouillés de larmes.

Voici un récit que j'ai ouï raconter dans une auberge d'Ars, par une autre dame: « Le fait, ajoutait-elle, est parfaitement authentique et digne de toute croyance.

« Un étranger était venu de Paris pour voir le curé d'Ars. Le but de sa visite était d'obtenir par ses prières la guérison d'une jeune fille infirme. — Je prierai pour votre enfant, lui répond **M. Vianey**; que le bon Dieu daigne la guérir! — A quelque temps de là, l'heureux père revenait tout exprès de Paris à Ars pour annoncer au bon curé que sa chère fille était entièrement guérie. — Bénissons Dieu, lui dit celui-ci; mais vous, mon pauvre ami, vous avez besoin d'être guéri aussi : voyons; *vous n'avez point fait encore votre première communion*, eh bien, voulez-vous que je vous prépare à la faire? — Le charitable pasteur avait dit vrai : cet homme, quel que fût le motif de sa coupable négligence, n'avait pas encore reçu dans son cœur le Dieu qui venait de rendre la santé à sa fille. Mais déjà touché par cette guérison merveilleuse, il fut frappé des paroles étranges du bon curé. Tout aussitôt il se mit en devoir de commencer sa confession, pour se préparer à l'action sainte qu'il eut bientôt le bonheur d'accomplir. Il est devenu depuis un

excellent chrétien, et ne parle du curé d'Ars qu'a-
vec une vive admiration. « Il y a peu de temps
encore, ajoutait cette même dame à la fin de son
récit, il disait à mon mari : « Voyez-vous ce chapelet ? c'est le bon curé d'Ars qui me l'a donné :
eh bien, moi, *je ne le donnerais pas à présent
pour dix mille francs.* »

Un autre fait, qui n'est point le seul sans doute
du même genre, montre clairement que M. Vianey
était doué parfois du don de la prophétie. « Monsieur le curé, vient lui dire un jour un jeune
homme étranger à sa paroisse, je suis à la
veille de me marier, et je voudrais faire une retraite sous votre direction, afin de me mieux préparer à la grande action qui m'occupe.

— Mon enfant, lui répond doucement le bon
curé, c'est très-bien sans doute; mais ce n'est
pas au mariage qu'il faut vous préparer; c'est plutôt
à la mort.

— Je sais, reprend le jeune homme étonné,
qu'on peut mourir à tout âge et qu'il faut être
toujours prêt; mais en ce moment, je me porte

bien, je jouis d'une bonne santé ; j'ai l'espoir de vivre encore quelque temps, et je désire me préparer chrétiennement au mariage.

— Croyez-moi, faites plutôt une retraite de préparation à la mort, » réplique M. Vianey en insistant. Le jeune homme, un peu malgré lui peut-être, fut docile à cet avis. Il se prépara donc sérieusement, non point à ses noces, mais à son dernier passage ; puis il s'en retourna. Comme il rentrait dans son village, suivant un chemin bordé de haies, un coup de feu qui ne lui était nullement destiné, part ; et le pauvre fiancé tombe mort, heureux de n'être point pris au dépourvu, et dignement préparé par sa retraite à comparaître devant le souverain Juge !

Dans cette foule de pèlerins avides de recevoir les avis du saint prêtre, on voyait beaucoup d'ecclésiastiques. On y a remarqué de savants religieux, des évêques, des cardinaux. La France, l'Angleterre, l'Espagne, la Belgique, la Savoie, l'Italie, l'Afrique, députaient à Ars des pèlerins de tous les rangs, de tous les âges. Les plus hauts dignitaires de l'Eglise venaient de loin consulter humblement *l'homme de Dieu*, et tous s'en retournaient éclairés, consolés, pleins de reconnaissance. Le curé d'Ars avait en effet reçu du Ciel le don de pénétrer dans le secret des cœurs : il pouvait, dès lors, donner à chacun les avis les plus salutaires et les plus convenables à ses propres besoins. Grands et petits, riches ou pauvres, tous avaient part à ses bienfaits.

L'un de ces princes de l'Eglise, venus de loin à Ars, il y a quelques années, a rappelé les impressions de son pèlerinage. Nous reproduisons, en terminant ce chapitre, quelques fragments de son pieux récit :

« Nous arrivâmes à Ars un peu avant onze heures.... Le premier objet qui frappa mes regards fut la tête du curé. Jamais je n'oublierai l'impression que j'éprouvai en voyant cette figure si pâle et si macérée. Il disait la messe, et une foule nombreuse remplissait toute la nef. Sa figure était petite, maigre et dévastée ; les contours de sa bouche me parurent très-expressifs ; sous un vaste front, pâle et doux, ses yeux au regard profond étaient presque toujours baissés et voilés par les paupières. Il est une chose dont je ne puis pas donner l'idée, c'est la vigueur de cet esprit dans une enveloppe aussi débile; il me semblait entendre la voix d'un ange sortir d'un corps qui est à l'agonie. Comme j'étais un peu éloigné du prédicateur et qu'il lui manque quelques dents, je n'entendais pas toujours distinctement, et je ne pourrais pas raconter tout ce qu'il nous dit; mais quand je n'aurais pas compris une seule de ses paroles, j'aurais reconnu et surtout j'aurais senti que celui qui parlait vivait habituellement en Dieu. Son instruction était sur la confession, et elle était mélangée d'anecdotes et de prières jaculatoires. Il sortit ensuite en surplis et la tête nue, par un soleil ardent.... Jamais il ne se couvre la tête. Il allait assister un pauvre malade, et derrière lui marchait une foule avide de le voir.

» Avant qu'il rentrât dans la maison, je l'avais visitée avec son vicaire. Les murs étaient nus et en ruines; et sauf son petit lit et le pauvre ameublement de sa chambre, la maison était vide. Cependant dans une pièce, aussi délabrée que les autres, se trouvaient de riches ornements d'église qui avaient coûté quarante mille francs. Avant qu'il vînt, on me dit qu'il me quitterait bien vite pour rentrer dans sa solitude; mais heureusement il n'en fut pas ainsi : sa réception fut aussi bonne et aussi simple qu'elle était humble et charitable. On ne voyait ni dans le son de sa voix ni dans ses gestes, l'homme qui veut jouer un rôle ; mais on reconnaissait en lui la simplicité bonne, franche et cordiale d'un saint. Le fauteuil qu'il me présenta me fut offert comme venant de son prédécesseur, et il me répéta souvent qu'il était très-reconnaissant de ma visite. Je lui demandai des prières pour l'Angleterre, et lui parlai des souffrances des pauvres catholiques relativement à leur foi ; il m'écoutait les yeux à demi fermés, quand tout à coup ses yeux s'ouvrirent, et les fixant sur moi avec un de ses regards si lumineux, il s'écria d'une voix que je n'oublierai jamais, et comme s'il voulait me faire une confidence : *Je suis sûr que l'Eglise d'Angleterre reprendra son ancienne splendeur* [1]...

Puissent ces dernières paroles avoir dans un avenir prochain leur accomplissement! En attendant, on aime à les rappeler, comme un heureux signe et un gage certain de la conversion de la nation anglaise, pour laquelle tant de prières et de vœux s'élèvent chaque jour vers le Ciel.

[1] Mgr l'évêque de Birmingham.

CHAPITRE V

La journée du curé d'Ars.

Si un empereur païen, sur le soir d'un jour écoulé sans qu'il l'eût signalé par quelque bienfait, disait d'un air triste à ses courtisans : *Mes amis, j'ai perdu ma journée*, combien plus devrions-nous souvent, nous chrétiens, tenir le même langage ! Nous savons que tous les jours de notre vie appartiennent à Dieu, que chaque homme ici-bas est un ouvrier, faisant sa tâche, *sa journée* dont il lui sera demandé compte, et dont le bon emploi peut seul lui mériter un riche salaire. Malheureux l'homme oisif sur cette terre de passage où il faut gagner son pain à la sueur de son front ! « *Celui qui ne travaille pas*, dit l'Esprit-Saint, *ne mérite pas de manger. — Paresseux, allez à la fourmi.* — Heureux au contraire, celui qui remplit dignement son labeur quotidien ! heureux par-dessus tout le prêtre qui, chargé d'une tâche sublime, se dévoue tout entier au salut de ses frères ! A la fin de sa vie, il pourra présenter au divin Maître des jours abondamment remplis : il ne lui restera plus qu'à recevoir le magnifique salaire de ses fatigues et de ses travaux !

Il a déjà reçu cette récompense, le pieux ouvrier dont nous racontons l'histoire ! Quel autre a jamais pu présenter à Dieu des journées plus pleines ?

Tracer le tableau de l'une d'elles, c'est les rappeler à peu près toutes durant quarante années... Dès le principe, le bon curé d'Ars s'était tracé une règle de vie, comme un vrai religieux. S'il y dérogea par la suite ou la modifia selon les circonstances, afin de se faire tout à tous, ce ne fut que pour la rendre plus sévère et plus dure envers lui-même. Il fut ainsi amené à ne s'accorder que deux ou trois heures de repos chaque nuit, et à tellement abréger le temps de ses repas, que ce moment, devenu comme imperceptible, ne comptait plus réellement dans sa vie... Les moindres délassements et les plus légitimes se trouvèrent complètement remplacés par le soin du salut des âmes. Durant les vingt-cinq dernières années surtout, la vie du saint prêtre, toujours occupé des autres, jamais de lui-même, fut une véritable et constante immolation qui montre jusqu'à quel point l'amour de Dieu peut porter à l'amour du prochain.

Le bon curé d'Ars entrait avant le jour dans le confessionnal ; c'était sa principale demeure. Il y était dès deux ou trois heures du matin, souvent à une heure et quelquefois à minuit, lorsque ceux qui l'attendaient étaient très-nombreux. On voyait les pénitents passer toute la nuit dans l'église ou à la porte, soit pour avoir leur tour de meilleure heure, soit parce qu'il n'y avait plus de place pour eux dans les auberges. M. Vianey sortait du confessionnal pour dire sa messe ; il y rentrait aussitôt après son action de grâces. Vers onze heures, il le quittait encore et montait dans une petite chaire pour faire aux pèlerins ce qu'il appelait le *catéchisme*. De cette chaire il adressait en effet, à la foule, les enseignements les plus simples. C'était un vrai *catéchisme* comme on le fait pour les petits enfants. Mais c'étaient en même temps des instructions profondes et sublimes. Là, point d'éloquence humaine, mais des flots de lumières et de chaleurs divines qui venaient se répandre sur tous les auditeurs. Le sujet le plus habituel des entretiens du curé d'Ars était l'amour de Dieu, ce qu'il a fait pour nous, ce que nous devons faire pour lui. « Comment ne pas aimer le bon Dieu, mes enfants, disait-il souvenir, le bon Dieu qui est si bon qu'il nous permet de l'aimer? »

« Je l'ai entendu plusieurs fois, raconte un pèlerin. Il montait sur une petite estrade, entourée d'une barrière de bois, faisait asseoir les pèlerins le plus près de lui possible, afin de ne perdre aucune place, et, après avoir regardé l'autel, il commençait avec effort. Sa voix était très-faible, et je ne sais comment on pouvait l'entendre. Tout à coup, elle s'altérait. Il ne pouvait achever les paroles commencées. Plusieurs fois il reprenait les mots de *Dieu*, de *bonheur éternel*, de *ciel*. Il lui fallait des efforts répétés pour les prononcer.... Mais les larmes éloquentes et intelligibles, larmes de feu et de diamant, les avaient achevées, et, au lieu de tomber à terre elles étaient montées au ciel, recueillies par la main des anges. »

« Heureux, dit un autre pieux pèlerin, celui qui a entendu ces sermons là ! Oh ! que c'était bien le fidèle disciple parlant divinement et de haut, *ascendens in montem* ! C'était la parole d'amour sur la lèvre d'un apôtre de l'Eglise primitive. Il ne fallait pas s'attendre à trouver là l'exorde, les trois points, la péroraison et la phrase des rhétoriques humaines. C'était simple comme *bonjour* adressé aux hommes par un envoyé de Dieu, comme la Bonne-Nouvelle. Le *bon père* s'écriait : « Ah ! mes enfants, si vous saviez comme le bon Dieu est bon, à quel point il vous aime!... » Et un sourire ineffable achevait sa phrase. « Est-il possible, mes enfants, qu'on désobéisse à un Dieu si bon, qu'on fasse de la peine à un Père si tendre?... » Et la voix du saint se brisait dans les larmes et les sanglots.

» L'éloquent prédicateur passait ainsi incessamment du sourire de l'ange aux larmes du saint. Toute l'assistance, touchée, entraînée, passait, comme lui, du sourire aux larmes, jusqu'à ceux-là même qui, placés trop loin, ne pouvaient entendre la voix affaiblie du vieillard, mais entendaient son cœur dans son geste, dans la lumière et dans les pleurs de ses yeux. »

Après le *catéchisme*, M. Vianey rentrait chez lui pour prendre son repas; il récitait son office, faisait ensuite la visite des malades de la paroisse et retournait au confessionnal.

Parlerons-nous de ses repas? mais, comme son sommeil, ils ne comptaient plus dans sa vie; sa table ne vit jamais que le mets le plus frugal. Que lui importait le soin d'un corps réduit à l'état d'une victime de *réparation* et de pénitence ! « Il ne dormait pas, dit Mgr de Belley [1], il ne mangeait pas ; cette locution familière avait presque sa réalisation pour lui ; trois ou quatre onces de nourriture par jour, une heure, deux heures de sommeil lui suffisaient. »

Le bon curé se reprochait souvent sa *gourmandise*, lorsque, dans les dernières années, sa déférence pour les ordres de ses supérieurs lui eut fait apporter quelques légères modifications au régime de ses repas. « Si j'avais fait cela il y a quelque temps, disait-il sur la fin de sa vie en regrettant ses habitudes d'autrefois, je serais bien mort de chagrin [2]. » Et cependant quelle fruga-

[1] Lettre circulaire du 15 août 1859.

[2] Son évêque l'a forcé depuis quelque temps, par acte d'obéissance, d'ajouter au pauvre petit plat qui composait son unique repas de chaque jour, un second plat, et a exigé que l'un des deux fût ordinairement un plat de viande. Cet ordre lui fit verser des larmes : Un pauvre pécheur comme lui, manger de la viande !.... Il se regardait comme un glouton...

MGR DE BIRMINGHAM.)

lité encore ! « On ne peut croire le peu qu'il mangeait, dit la personne elle-même chargée de pourvoir à ses besoins ; il ne mangeait pas une livre de pain par semaine ; quelquefois il lui suffisait de boire. Il n'acceptait jamais de viande deux jours de suite ; il y avait des semaines entières où il n'en mangeait pas [1]. »

Vers le soir, M. Vianey, la journée terminée, retournait au presbytère pour les quelques heures du repos de la nuit ; il était souvent onze heures quand il rentrait chez, et souvent aussi ce repos ne durait qu'une heure. Et si nous pénétrions à sa suite dans l'intérieur de ce presbytère, qu'apercevrions-nous ? Un foyer qui ne vit jamais de feu ; un lit, ou plutôt une planche, qui n'était qu'un instrument de pénitence de plus, parmi beaucoup d'autres formant toute la richesse du

[1] M. le curé d'Ars, dit M. l'abbé Monnin, n'a jamais eu de domestique ; il n'a jamais tenu de ménage, pas plus qu'il ne s'occupait de son vestiaire et de ce qui concernait son entretien ; il a toujours vécu du pain de la charité, que de saintes filles étaient heureuses de lui donner et qu'il était heureux de recevoir d'elles.

pauvre curé. Nous avons vu nous-mêmes avec attendrissement, dans ce misérable presbytère qui a été le témoin de tant de mortifications et de vertus, cette couche austère d'où l'âme d'un saint prit son vol vers les cieux... Un jour verra peut-être cette pauvre chambre, transformée en chapelle, devenir l'un de ces sanctuaires bénis où l'on aime à prier parce qu'ils furent la demeure d'un ange de la terre. Mais dans ce modeste asile, où le bon curé ne passait que quelques heures, il voulait être seul avec Dieu, afin de vaquer plus parfaitement à la prière et à la contemplation. Il voulait dérober à tous les regards ses austérités et ses combats contre l'ennemi du salut des hommes. La porte de la cure n'était donc point ouverte au public. Un religieux et les collaborateurs de M. Vianey dans le ministère paroissial, lorsque la nécessité le demandait, avaient seuls la faculté d'y entrer. Quelques prêtres venus du dehors partageaient cependant ce privilége. Ecoutons l'un d'entre eux :

« Nous avons été assez heureux, disait-il, pour

partager la faveur du petit nombre des élus, et
nous en remercions sincèrement la divine Providence. La visite de l'habitation de M. le curé
d'Ars vaut plus qu'un sermon, plus même qu'une
longue retraite; elle parle au cœur plus éloquem-
ment que les plus beaux discours. Ces vieilles
murailles enfumées, ces deux ou trois siéges
rustiques à demi-brisés, ce christ, cette vierge
de plâtre, qui reçoivent tant de supplications et
d'aspirations amoureuses, ce pauvre grabat sur
lequel reposent les os du vieillard, ce pavé humide des larmes et du sang de la pénitence; tout
vous étonne, vous attendrit, vous confond et vous
inspire les plus graves réflexions. »

Un des spectacles les plus touchants qu'on
puisse imaginer était la sortie du bon curé de son
confessionnal ou de son église pour se rendre au
presbytère; ou bien son passage dans les rues pendant sa visite des malades, ou son retour à l'église.
C'était alors qu'on pouvait le voir quelques ins-
tants, et que les témoignages de la vénération publique s'attachaient à ses pas. Celui qui n'a pas

été témoin de l'enthousiasme qu'excitait partout sa présence ne peut se le représenter. On se précipitait vers lui de tous les côtés, on lui barrait le chemin, on le serrait, on l'étouffait : « C'était à qui lui parlerait et à qui le toucherait ; c'était le moment où ceux qui voulaient obtenir quelque faveur lui adressaient la parole ; on lui demandait sa bénédiction ; on voulait de lui un mot ou un regard ; on voulait recevoir une image ou une médaille de ses mains ; on voulait toucher sa soutane, ses cheveux : il avait besoin souvent d'être protégé contre l'empressement et la rudesse de cette vénération. En passant ainsi à travers la foule et tout en se prêtant à ce qu'on demandait, il adressait parfois à ceux qu'il remarquait des mots qui étaient des traits de lumière et qui allaient droit aux besoins des âmes [1]. »

Voilà quelle était *la journée du curé d'Ars !* Il en fut ainsi durant près de quarante ans. Après une journée aussi laborieuse, il était souvent, vers la fin de sa vie surtout, harassé,

[1] *Univers* du 12 août 1869.

exténué.... Mais jamais la pensée d'une plainte n'entra dans son cœur. Quand on le sollicitait de prendre un peu de repos, il répondait toujours : *Je me reposerai en paradis...* il répétait d'autres fois : *Ah! les pécheurs tueront le pécheur.* — Un jour qu'il était sans doute plus exténué qu'à l'ordinaire, il se prit à dire : *Je connais quelqu'un qui serait bien attrapé, s'il n'y avait point de paradis.*

— M. le curé, lui répondit une personne présente, s'il n'y avait point de paradis, le bon Dieu en ferait un exprès pour vous.

— Ah ! je pense souvent, reprit le bon vieillard, que quand même il n'y aurait point d'autre vie, ce serait un assez grand bonheur d'adorer Dieu dans cette vie, de pouvoir l'aimer, le servir et faire quelque petite chose pour sa gloire. »

Le désir de l'éternel repos préoccupait donc peu cette âme généreuse, haletante de travail. Le curé d'Ars appelait les saints des *rentiers*, et quant à ce titre du moins, il semblait peu envieux d'aller partager sitôt leur félicité. Rappelons ici une étrange conversation que nous trouvons rapportée dans l'opuscule de M. l'abbé Monnin [1].

« M. le curé, lui disait un jour son missionnaire, si le bon Dieu vous proposait, ou de monter au ciel à l'instant même, ou de rester sur la terre pour travailler à la conversion des pécheurs, que feriez-vous?

— Je crois que je resterais, mon ami.

— Oh! M. le curé, est-ce possible? Les saints sont si heureux dans le ciel! plus de tentations, plus de misères!... »

Avec un angélique sourire, il répondit : « C'est vrai, mon ami, mais les saints sont des *rentiers!* Ils ont bien travaillé, puisque Dieu punit la paresse et ne récompense que le travail ; mais ils ne

[1] *M. le curé d'Ars, sa mort et ses funérailles ,* par M. l'abbé Monnin, missionnaire du diocèse de Belley.

M. Monnin nous annonce lui-même qu'il prépare une histoire complète et détaillée du curé d'Ars. Elle sera lue avec un vif intérêt par les nombreux lecteurs des quelques pages si sympathiques et si touchantes que son cœur a consacrées à la mémoire de son saint ami.

peuvent plus, comme nous, glorifier Dieu par des sacrifices pour le salut des âmes.

— Resteriez-vous sur la terre jusqu'à la fin du monde?

— Tout de même.

— Dans ce cas, vous auriez bien du temps devant vous; vous lèveriez-vous si matin?

— Oh! oui, mon ami! à minuit. Je ne crains pas la peine,... je serais le plus heureux des prêtres, si ce n'était cette pensée qu'il faut paraître au tribunal de Dieu avec ma *pauvre vie* de curé. »

En disant cela de grosses larmes coulaient sur ses joues.

CHAPITRE VI

Sainte Philomène et le curé d'Ars.

Lorsque le pèlerin d'Ars entre dans la petite
église pour demander à Dieu une guérison, soit
de l'âme, soit du corps, l'un des premiers objets
qui frappent sa vue est, à sa gauche, une chapelle de sainte Philomène. Là sont des reliques de la jeune et illustre thaumaturge. Dans
cette chapelle merveilleusement ornée, on voit en
outre une belle statue de la sainte recouverte
d'or, un joli autel et quelques autres statues.
Dans le fond, un grillage, en forme de châsse,
figure le tombeau de la sainte; et à droite, un
tableau représente le lit d'agonie du pasteur lui-

même, rendu à son troupeau en pleurs par la puissante protection de la jeune martyre : touchant mémorial de la pieuse reconnaissance de la paroisse d'Ars tout entière. A gauche du marchepied de l'autel est un guéridon surchargé presque constamment de petits cierges allumés qui brûlent en l'honneur de la sainte, signe de gratitude de bienfaits accordés, ou signe d'espérance de faveurs à obtenir.

Rien de pieux, de touchant comme cette chapelle. Mais ce qui parle surtout au cœur, c'est un nombre prodigieux d'*ex-voto*, d'images en cire représentant des membres infirmes rendus à leur état normal, de petits cadres qui tapissent de haut en bas les quatre façades ; c'est un amas de béquilles de toute grandeur, de toute forme, devenues désormais inutiles ; ce sont des supports à coussin, des appuis, toutes ces choses enfin qui suppléent à l'infirmité de membres arides, et que l'heureux pèlerin, en s'en retournant guéri [1], aime à laisser

[1] On remplissait de l'huile de la lampe allumée devant l'autel de sainte Philomène, de petits flacons que les pèlerins, après

comme un témoin de sa guérison dans le sanctuaire béni où le Ciel a daigné écouter ses vœux.

Or c'est à cette chapelle bien-aimée de sainte Philomène qu'on s'en vient surtout prier avec confiance ; c'est là, aujourd'hui encore, l'un de ces asiles vénérables et saints où il semble qu'on soit plus rapproché du ciel, et d'où la prière semble elle-même s'élever plus prompte et plus pure vers le Dispensateur de tous les biens. Mais si sainte Philomène était grandement chère aux pèlerins qui l'invoquaient avec espérance, avec amour, que dirons-nous maintenant de la tendre et filiale dévotion du bon curé envers cette bienfaisante protectrice et patronne de la paroisse d'Ars ?

Après la très-sainte Vierge, le céleste canal de toutes les grâces, et que M. Vianey, à l'exemple des saints, honorait d'un culte particulier, sainte Philomène était pour lui l'objet d'une vénération toute spéciale et d'une confiance sans bornes.

les avoir fait bénir par le curé d'Ars, emportaient pour en oindre leurs membres débiles. On assure qu'un grand nombre de guérisons merveilleuses ont été obtenues.

Le saint commerce établi entre la jeune et illustre martyre et ce pauvre curé de campagne formait l'un de ces tableaux ravissants que présentent les harmonies chrétiennes, et qu'on découvre de loin en loin dans la vie des grands serviteurs de Dieu. La sainte thaumaturge était donc comme le voile, le manteau sous lequel l'humble prêtre cachait tout le merveilleux qui brillait presque chaque jour dans sa paroisse d'Ars ; c'est sur le compte de cette illustre martyre, après celui de la sainte Vierge, qu'il mettait toutes les guérisons physiques et morales qui se multipliaient autour de lui. Quant à lui, il ne voulait y être pour rien ; cela ne le regardait nullement. « Tous ces bons pèlerins, disait-il, arrivent bien disposés, pleins de confiance et de foi ; ils prient, et les prodiges s'opèrent en grand nombre... » Mais ces prodiges, il les raconte lui-même comme simple spectateur : « Mes frères, disait-il un jour à son instruction de midi, cette semaine il s'est opéré ici quatorze miracles *par l'entremise de sainte Philomène...* » C'est en ces termes ou en d'autres équivalents qu'il annonçait les grâces obtenues du Ciel. Invoquer sainte Philomène, c'était donc le but du voyage de tant de visiteurs et d'étrangers ; on venait vénérer ses nombreuses reliques. Quant à lui, assurait le bon curé, il n'était vraiment pour rien dans ce concours.... Par accident ou par circonstance, on venait se confesser à lui pécheur, comme comprenant mieux sans doute le langage des pauvres pécheurs que les confesseurs avancés dans la perfection.

Il y a quelques années, une fille percluse, étant venue à Ars, racontait qu'*en voyant M. le curé* elle s'était trouvée parfaitement guérie. Toute joyeuse, elle s'acheminait déjà vers la chapelle de sainte Philomène pour y suspendre sa béquille ; mais l'humble prêtre, l'ayant entendue parler ainsi, fut vivement peiné de ce langage ; il défendit expressément à cette fille de laisser sa béquille à Ars, et lui ordonna de la remporter, bien qu'elle lui fût désormais inutile.

Oh ! comme il aimait *sa chère petite sainte,* ainsi qu'il l'appelait. Il avait rendu son culte si

populaire ! C'était son *consul* au ciel, son *chargé
d'affaires*, son *prête-nom*... Mais aussi la *chère
petite sainte* lui rendait à son tour tant de services,
que c'était merveille, et que force était bien au
pauvre curé de se cacher derrière elle. Jamais
peut-être une sainte du paradis n'écouta plus
souvent et plus favorablement l'humble prière d'un
mortel ici-bas. Que de guérisons extraordinaires
s'opéraient au village d'Ars ! L'humble curé se plaignait parfois que la sainte les multipliât trop ;
il la conjurait de vouloir bien *faire ses miracles
plus loin ;* elle lui attirait trop de monde ; il
souffrait avec peine le retentissement de tant de
prodiges dans sa paroisse. « Sainte Philomène aurait
bien dû guérir ce petit chez lui, » disait-il un jour
avec une moue charmante, à propos d'un enfant
malade que sa pauvre mère avait apporté sur ses
bras et qui s'en était allé guéri, bondissant comme
un petit chevreau.

« J'ai prié sainte Philomène, disait le bon curé
dans son langage simple et naïf, de ne pas tant
s'occuper des corps et de penser un peu plus

souvent aux âmes. » La conversion des pécheurs ! c'était là toujours en effet son œuvre de prédilection ; c'était là l'insigne grâce qu'il demandait constamment à sainte Philomène. Oh ! combien de conversions n'a-t-il pas obtenues par elle !...

Le charitable pasteur aimait à dire la messe à son autel, auprès de ses reliques, pour obtenir les grâces qu'on demandait à ses prières. Durant toute l'octave de la fête de la sainte, au mois d'août, il venait y célébrer le saint sacrifice. Cette fête bien-aimée, chère aussi à tous ses paroissiens, allait donc revenir encore lorsque, six jours auparavant, le pieux pasteur quitta la terre, rappelé sans doute au ciel par l'illustre martyre, qui voulait cette fois l'associer à l'honneur de son triomphe ! Les bons paroissiens d'Ars n'en ont pas moins fêté leur bienfaisante patronne en face du cercueil chargé de fleurs qui renfermait les restes de leur père vénéré !

« Aujourd'hui, fête de sainte Philomène, écrivait ce jour-là même un digne missionnaire, le concours a été énorme dans l'église d'Ars, les

communions nombreuses , les tribunaux de la pénitence assiégés ; tont le monde sentait que c'était là
un hommage dû à la mémoire du *bon saint :*
il aimait tant *sa chère petite sainte !* [1] »

[1] M. l'abbé Monnin.

CHAPITRE VII

Après tout ce qui précède, il convient de dire quelques mots en particulier des vertus du saint curé d'Ars. S'il a possédé au plus haut degré toutes les vertus chrétiennes et sacerdotales, il en est deux néanmoins qui ont dominé sa vie entière, et qu'on admire plus encore, s'il est possible : ce sont l'*humilité* et la *charité*. Ces deux belles vertus sont sœurs, toutes deux maîtresses et reines ; si l'une est le fondement de tout l'édifice spirituel, l'autre en est le couronnement. Quand un chrétien possède éminemment ces deux vertus, on peut être assuré que toutes les autres vont à leur suite et leur forment un magnifique cortége.

Quel homme fut jamais plus humble et plus charitable que le curé d'Ars? Quel autre a mieux pratiqué les vertus de bonté, de douceur, de patience, d'abnégation, de dévouement, de simplicité, et toutes les autres dont l'ensemble constitue la véritable sainteté? C'était là comme autant de pierres précieuses qui venaient s'encadrer tout naturellement dans l'édifice de son âme.

Parlerons-nous de son esprit de foi, de sa piété, de son amour de Dieu et de la sainte Eucharistie? Mais quel autre langage que celui des anges pourrait faire comprendre les élans, les transports de cette âme, brûlant dès ici-bas des célestes ardeurs des séraphins! Rien ne peut donner une idée de la dévotion du curé d'Ars envers l'adorable Eucharistie. « Il l'appelait des noms les plus suaves et les plus tendres, dit M. Monnin; il inventait des expressions nouvelles pour en parler dignement: c'était son sujet favori, et il y revenait sans cesse dans ses catéchismes. Alors son cœur se fondait de reconnaissance, de bonheur et d'amour ; son front s'irradiait, ses yeux lançaient des étincelles, son âme de saint se répandait sur ses traits, les larmes étouffaient sa voix : « O mes » enfants, s'écriait-il, que fait Notre-Seigneur dans » le sacrement de son amour? Il a pris son bon » cœur pour nous aimer ; il sort de ce cœur une » transpiration de tendresse et de miséricorde pour » noyer les péchés du monde. »

» Il appelait la sainte communion un *bain d'amour*... « Quand on a communié, disait-il, » l'âme se roule dans le baume de l'amour comme » l'abeille dans les fleurs. » Il lui est souvent arrivé de dire : « Après la consécration, quand je tiens » dans mes mains le très-saint corps de Notre-Sei- » gneur, je sens que je voudrais pouvoir l'emmener » avec moi, même au milieu des flammes de » l'enfer ; l'enfer serait doux près de lui ; il ne » m'en coûterait pas d'y rester toute l'éternité à » souffrir, si nous y étions ensemble. »

La dévotion du serviteur de Dieu envers la très-sainte Vierge était non moins admirable. Qui a jamais été un plus fidèle enfant de Marie? qui a jamais eu pour cette auguste Mère un amour, un dévouement plus tendre, plus fort, plus généreux? Mais parmi tant de titres d'honneur sous lesquels nous invoquons ici-bas sa bonté et sa puissance, il aimait surtout à s'adresser à Marie comme *Mère de miséricorde* et *Refuge des pécheurs*. Lorsque, ayant pris possession de sa cure, il songea aussitôt à l'agrandissement de la petite église d'Ars, il s'occupa tout d'abord de faire construire une chapelle en l'honneur de la sainte Vierge. Cette chapelle, qu'on vit s'élever à droite, du côté du midi, fut ornée d'une belle statue de grandeur naturelle de la Reine des cieux, laissant s'épancher, en forme de rayons, de ses mains bienfaisantes, de riches trésors de grâces spirituelles. Sur son sein virginal, on découvre un large cœur d'or renfermant le nom de toutes les familles d'Ars. Depuis le jour de sainte et consolante mémoire [1] où le charitable pasteur offrit par une consécration générale et solennelle tout son troupeau à

[1] Le 1er mai 1836.

Marie la Vierge immaculée, la paroisse prit une forme toute nouvelle et offrit cet aspect religieux qui la distingue aujourd'hui entre toutes les paroisses du diocèse et de beaucoup d'autres pays.

A cette chapelle bien-aimée de la sainte Vierge, le pieux curé célébrait la messe tous les samedis et venait prier pour les *pauvres pécheurs* avec cette ferveur d'ange qui attirait si souvent sur les plus grands d'entre eux les regards compatissants de la *Mère de miséricorde*. C'est vers cette image vénérée de Marie, placée devant la chaire, qu'il se tournait avec confiance, à la fin de son *catéchisme*, pour lui adresser des prières en faveur des pauvres pécheurs, des malades, des infirmes, des absents, des auditeurs présents, les mettant tous avec lui-même sous la bienveillante protection de cette auguste patronne... C'est vers elle encore qu'il se tournait à la fin de la prière du soir. C'est là, aux pieds de cette bonne Mère de grâces et de miséricorde, qu'il envoyait les pèlerins solliciter leur propre conversion ou celle des personnes chères pour lesquelles ils venaient implorer leur appui. Oh ! qui pourrait dire quels torrents de larmes le repentir, la ferveur, la reconnaissance ont fait s'épancher devant cette image si vénérée de Marie [1] !

C'était le pasteur lui-même avant tous les autres qui pleurait en face de cette tendre Mère de miséricorde. Sa voix expirait dans les larmes aussitôt qu'il arrivait à parler de la bonté de Dieu ou de la noirceur du péché et de ses horribles ravages. Le saint curé avait le don des larmes, de ces larmes « médiatrices de paix entre Dieu et les hommes ;... véritables délices spirituelles,

[1] Ce serait ici le lieu peut-être de parler de ce qu'on a appelé l'*incident d'Ars*, c'est-à-dire de la prétendue rétractation du jeune Maximin sur le miracle de *la Salette*, et des doutes et prophéties du curé d'Ars à ce sujet. Mais ce récit nous semble superflu désormais. Bornons-nous à rappeler les propres paroles de M. Vianey à l'un des membres les plus éminents du clergé de Grenoble qui était venu le voir : « Maintenant il ne me serait plus possible de ne pas croire à la Salette. J'ai demandé des signes pour croire à la Salette, je les ai obtenus. *On peut et on doit croire à la Salette.* »

plus douces que le miel, que le rayon de miel le plus doux, que le nectar le plus délicieux [1]! » C'était ce don des larmes, source des plus suaves jouissances pour les âmes généreuses et dévouées à Dieu, qui donnait tout à la fois au pieux curé d'Ars de grandes lumières et une grande puissance sur les cœurs les plus endurcis.

Que dirons-nous de son zèle, de sa bonté, de sa patience, de sa douceur, de sa mansuétude, de son esprit de mortification et de sacrifice? Toutes ces vertus chrétiennes et sacerdotales, établies solidement en son âme, se révélaient au dehors sous des formes simples et touchantes, dont sa modestie cherchait vainement de cacher le mérite. Son zèle pour la gloire de Dieu et le salut des âmes éclate dans les œuvres de sa vie entière, comme son esprit de mortification et de sacrifice apparaît dans chacune des journées de sa vie [2],

[1] Saint Pierre Damien.

[2] « Les âmes! dit-il un jour à un pèlerin, les âmes!... Je ressemble au porc-épic qui se roule à terre pour ramasser des pommes. Moi, je me roule à terre pour ramasser des âmes! »

Quant à sa bonté, sa patience et sa douceur, elles étaient constamment au niveau de ses autres vertus. Bien que très-nerveux par tempérament et par suite d'un caractère très-sensible et très-vif, il ne s'impatientait jamais. Voici, entre beaucoup d'autres, un trait qui donnera une idée de sa mansuétude. Un jour des femmes qui environnaient son confessionnal se disputaient et se querellaient, de manière à l'empêcher d'entendre son pénitent et d'en être entendu. Dans cette fâcheuse extrémité, que fait le bon curé? Il ne s'impatiente point; mais se levant tranquillement du confessionnal, il traverse en silence la bruyante assemblée, et va se prosterner aux pieds de l'autel de sainte Philomène pour la prier de vouloir bien apaiser le tumulte. La *chère petite sainte* l'écouta cette fois encore; à peine avait-il commencé à prier, que les indiscrètes causeuses,

Cette comparaison était littéralement vraie. Il était heureux de ses souffrances en songeant qu'elles n'étaient point perdues. « Je souffre dans le jour pour les pauvres pécheurs, et la nuit pour les âmes du purgatoire. » O charité des saints!

rougissant d'elles-mêmes, se turent soudain. Ainsi, par une simple prière et sans dire un mot qui eût pu affliger ces pauvres femmes, le saint curé rétablit autour de lui le calme et la paix.

Ce trait nous amène à parler encore de la *simplicité* et de l'*humilité* du pieux pasteur, vertus précieuses, mais rares, qui ne furent point assurément les moins admirables du serviteur de Dieu.

CHAPITRE VIII

Simplicité et humilité du curé d'Ars.

« Voici que je vous envoie comme des brebis au milieu des loups, disait le divin Sauveur à ses disciples ; soyez donc prudents comme les serpents, et simples comme les colombes [1]. » Il leur disait une autre fois : « Apprenez de moi que je suis doux et humble de cœur [2]. » Et encore : « Si vous ne devenez comme de petits enfants, vous n'entrerez point dans le royaume du ciel [3]. »

Fidèle disciple du Sauveur, quel autre, mieux

[1] Saint Matth. x. 16.

[2] Saint Matth. xi. 29.

[3] Saint Matth. xviii. 3.

que le bon curé d'Ars, a été doux et humble ?
Quel autre aussi a mieux su réunir en lui la
prudence du serpent et la *simplicité* de la co-
lombe ? Ce pauvre prêtre, qui voyait accourir
vers lui de tous les pays de hauts personnages,
de puissants seigneurs, des princes de l'Eglise,
des docteurs, des savants, restait, au milieu
d'eux, simple, petit comme un enfant. Oui,
ce pauvre curé de campagne, entouré de ses
milliers de pèlerins, disait Mgr de Belley, était
simple comme un enfant, comme un petit enfant. Vous l'avez vu, vous tous ici présents,
vous l'avez entendu ; n'est-ce pas la vérité,
la plus exacte vérité ? Les témoignages les
plus variés et les plus multipliés du respect et de l'admiration ne semblaient en rien
l'émouvoir ; il bénissait la foule comme s'il
eût reçu lui-même la bénédiction de plus haut
que lui ; il voyait son image reproduite partout
et de toutes les manières, comme celle du patron, du saint de l'endroit ; et il disait souvent, à cette occasion, un mot trivial et vul-

gaire, que sa simplicité rendait sublime [1]. »

Un jour le bon curé disait devant quelques personnes : « J'ai reçu deux lettres par le même courrier : dans l'une, on me disait que j'étais un grand saint ; dans l'autre, que j'étais un hypocrite et un charlatan : la première ne m'ajoutait rien ; la seconde ne m'ôtait rien ; on est ce qu'on est devant Dieu, et puis pas plus. »

Un autre jour il reçut d'un ecclésiastique mécontent d'une décision qu'il lui avait donnée sur sa demande, une lettre ainsi conçue : « M. le curé, quand on a aussi peu de théologie que vous, on ne devrait jamais entrer dans un confessionnal. » Cet homme, qui ne trouvait jamais le temps de répondre à une lettre, prit immédiatement la la plume, et écrivit : « Que j'ai de raison de vous aimer, mon très-cher et très-vénéré confrère ! vous êtes le seul qui m'ayez bien connu. Puisque vous êtes si bon et si charitable que de daigner vous intéresser à ma pauvre âme, aidez-moi donc à obtenir la grâce que je demande depuis si long-

---

[1] *Mon carnaval*, disait-il souvent en voyant son portrait.

temps, afin qu'étant remplacé dans le poste que je ne suis pas digne de remplir, à cause de mon ignorance, je puisse en toute liberté me retirer dans un petit coin pour y pleurer ma pauvre vie. »

« M. le curé, lui disait un des missionnaires, comment pouvez-vous résister à la tentation de vaine gloire au milieu de ce concours sans cesse renouvelé ? — Ah ! mon enfant, répondit l'humble prêtre, dites plutôt comment je résiste à la tentation de crainte, de découragement et parfois même de désespoir. » — Etrange extrémité de la grâce de Dieu, ajoute ici Mgr de Belley, qui nous applique la persistance de ce bon et vénéré pasteur à vouloir quitter sa cure d'Ars pour mourir dans la pénitence et la retraite : « Ah ! Monseigneur, nous disait-il, il y a quinze jours à peine, je vous demanderai dans quelque temps à me laisser partir pour pleurer les péchés de ma vie. — Mais, mon bon curé, lui disions-nous, les larmes des pécheurs que Dieu vous envoie valent bien les vôtres ; ne me parlez pas ainsi, je ne viendrais plus vous voir. » Et toutes nos paroles d'encouragement ne paraissaient pas le convaincre. Il était à ses propres yeux un pauvre pécheur ; il redoutait la charge pastorale et craignait de l'avoir mal remplie ; les jugements de Dieu le faisaient trembler par moments ; les derniers jours de sa vie se sont passés dans un calme profond. Le mot divin avait sans doute été murmuré à son oreille : *Euge, serve bone* ; mais dans sa première maladie, dans cette sorte de mort par laquelle il plut à Dieu de le faire passer, il y a une quinzaine d'années, pour donner à vos prières une si éclatante et si douce consécration, on put remarquer les perplexités de son âme [1]. »

Ames timorées, âmes trop craintives, si nombreuses peut-être au pèlerinage d'Ars, ajoute le pieux pontife, apprenez à résister comme le saint curé à des craintes trop vives et contre lesquelles vous prémunit l'obéissance ; cette tentation fut pour lui le *Ne magnitudo revelationum extollat* [2]

---

[1] Lettre circulaire de Mgr l'évêque de Belley.

[2] II. Ep. aux Corinth. xii. 7.

de saint Paul. Dieu, par ses frayeurs, sauvait l'humilité de cette belle âme ; il donnait plus de mérite au sentiment de confiance qui dominait au-dessus de tout dans sa vie ; il lui inspirait par la compassion et l'épreuve ces mots qu'il vous disait et qui vous ont fait tant de bien. Savez-vous quel baume secret s'attachait à ces consolantes paroles ? C'était comme le parfum de ses larmes, de ses prières, en un mot de toutes les grâces que Dieu versait sur cette blessure de son cœur, qui était aussi, qui est peut-être encore la vôtre [1]. »

[1] A la suite de ces paroles consolantes, Mgr de Belley, dans son allocution aux obsèques du curé d'Ars, ajoutait celles-ci, qu'il est aussi très-utile de reproduire : « Mais vous surtout, âmes indifférentes, âmes présomptueuses, âmes si rares dans cette pieuse réunion, mais que le retentissement de ces touchantes obsèques pourra atteindre au milieu du monde, sachez le bien, le curé d'Ars, le saint curé d'Ars redoutait par moment les jugements de Dieu ; exemple éclatant donné à un siècle où l'on craint si peu, où la crainte s'efface pour faire place non pas à l'amour ; mais à la torpeur, à l'indifférence et à l'oubli. Oh ! quand donc vous réveillerez-vous ? quand donc craindrez-vous, vous qui devriez tout craindre ? quand ferez-vous sérieusement la plus sérieuse de toutes les affaires ? »

La tentation est finie pour le saint curé d'Ars. Plus de crainte, plus d'épreuve; il est entré, nous devons le croire, dans la joie, le repos et la paix. Mais cette tentation de trouble, de crainte, qui lui venait de l'esprit de ténèbres, occupe dans sa vie une place assez importante pour qu'on doive en parler avec quelques détails. L'esprit de malice semble vraiment s'efforcer de reprendre extérieurement et par la violence l'empire que les prières et les mortifications lui ont ravi sur certaines âmes privilégiées. Voilà pourquoi sans doute les histoires des grands saints nous montrent ces faits étranges, qui confondent les hommes dont la superbe raison, dans notre siècle des lumières, ne veut plus croire à la malignité des puissances diaboliques. L'histoire du saint curé d'Ars offrira un chapitre bien curieux touchant cet ordre de faits. Mais l'on ne saura jamais quels assauts formidables lui livrait l'esprit de ténèbres, et quels combats le vénérable curé eut à soutenir au sein de cet humble foyer, tout rempli de ses instruments de pénitence. On peut s'en former déjà quelque idée, en écoutant comment il s'est expliqué lui-même sur les violences dirigées contre lui par les esprits de l'enfer.

Si le serviteur de Dieu ne parlait pas des faveurs qu'il recevait du Ciel, il parlait assez volontiers de ses luttes contre le démon, parce que c'était, lui semblait-il, s'humilier publiquement. Il faisait du reste ce genre d'aveux avec cette simplicité charmante qui a toujours été l'un des caractères distinctifs des saints. Voici en quels termes il racontait à ses paroissiens une sorte de tracasserie importune et bruyante qu'avait osé lui susciter l'esprit malin, en plein jour, un dimanche, immédiatement avant l'heure de vêpres : « On dit, mes enfants, qu'il n'y a pas de diable ; je sais bien qu'il y en a un, moi ; je viens d'acquérir une nouvelle preuve de son existence et de sa malice. Le vilain ! il n'y a qu'un moment qu'il faisait tout près de moi un fort inconvenant tapage, et qu'il cherchait à m'effrayer et à me distraire. Mais je ne le crains pas ! » C'est ainsi qu'il parlait des importunes mais inutiles provocations du démon à son égard. Pour exprimer à quel point elles étaient multipliées et fréquentes, il dit un jour en plaisantant à ses dignes collaborateurs : « Voyez-vous, *le diable et moi nous sommes presque camarades.* »

Voulons-nous savoir après tout la pensée intime et la vraie doctrine du saint curé d'Ars à ce sujet ? Ecoutons-le encore parlant à ses bien-aimés paroissiens : « Il ne faut point avoir peur du démon, mes enfants, leur disait-il dans une instruction ; car il ne peut nous faire de mal que ce que le bon Dieu veut bien lui permettre de nous en faire. Sans cela, il aurait bien vite bouleversé le monde, détruit l'Eglise et tué tous les hommes. Servons Dieu seulement et ne craignons que lui. Le démon n'est à notre égard que comme ces animaux furieux qu'on attache et qui ne peuvent aller que la longueur de leur chaîne. N'allons donc pas à lui par le péché qui nous rend ses esclaves et ses malheureuses victimes, car alors il nous déchirerait à belles dents. Mais tant que nous demeurons fidèles à la loi de Dieu, il ne peut rien contre nous. »

Quelques mots encore sur l'humilité et la simplicité du curé d'Ars. On aime à retrouver dans sa vie de nombreux traits de ces deux belles vertus si rares de nos jours, et qui sont, répétons-le encore, le caractère distinctif des saints.

Un illustre pèlerin est venu deux fois à Ars, s'asseoir aux pieds de l'humble catéchiste : en s'en allant, il disait : « Ce saint prêtre et moi nous ne parlons pas la même langue; mais j'ai le bonheur de me rendre ce témoignage, que nous sentons de même, encore que nous ne disions pas de même. » Or le pèlerin qui parlait ainsi, c'était le R. P. Lacordaire. Après une éloquente improvisation du célèbre Dominicain dans la petite église d'Ars, le bon curé disait à son tour à ses paroissiens : « Mes enfants, on dit que les extrêmes se touchent : c'est bien vrai. Ils se sont rencontrés aujourd'hui dans cette église : vous venez de voir réunis ensemble l'extrême science et l'extrême ignorance. »

Au milieu des marques de vénération qui suivaient partout le bon curé dès qu'il sortait du presbytère ou de l'église, c'était toujours la même humilité. Il détournait par des mots simples et charmants l'idée de sainteté qui perçait à travers ce grand concours de peuple s'agenouillant sur son passage pour recevoir sa bénédiction. « Un jour, raconte un biographe, comme nous l'accompagnions dans la visite d'un malade presque à l'extrémité de la paroisse, et que pour la troisième ou quatrième fois on était sorti des maisons, l'attendant au seuil des portes et à genoux, il se prit à nous dire : *Si le bon Dieu me bénit autant que j'ai béni, je serai bien béni !*

« M. le curé d'Ars est peut-être le prêtre qui a le plus béni pendant sa vie, remarque en effet M. Monnin ; il ne faisait pas un pas sans que son bras se levât pour bénir. Et avec quelle onction, quel sentiment de foi et de charité ! On eût dit qu'il allait chercher ses bénédictions dans le ciel. »

Combien de fois, pour échapper à la foule

qui se pressait à la porte du presbytère quelques moments avant son retour, n'a-t-il pas pris le plus long pour y aboutir par l'entrée opposée, donnant sur le nord ! mais il n'y gagnait qu'un peu plus de retard, il était bientôt circonvenu de manière à ne pouvoir plus avancer. Un jour voulant s'ouvrir un passage et donner un instant d'audience à une personne qui l'avait sollicitée, il tire de sa poche une poignée de médailles qu'il jette derrière lui sur la pelouse : on était sur la place, par un beau soleil d'été. Voilà aussitôt tout le monde par terre, chacun empressé à qui mieux mieux à ramasser les médailles ; durant ce temps le bon curé gagne du chemin, et donne tout en marchant la précieuse audience [1].

[1] Le frère sacristain ayant un jour apporté au curé d'Ars un surplis bien propre, bien plissé et fraîchement repassé, le priait de s'en revêtir, à la place d'un autre surplis, devenu par un long usage, presque noir de poussière. Le bon curé le refusait, disant que le vieux était assez bon. « Mais il est tout sale, reprit le sacristain. — Oh ! mon ami, *laissez-le moi donc*, dit l'humble prêtre, *il est encore plus blanc que ma conscience !* »

L'humble prêtre, objet de tant de vénération, avait eu longtemps une idée fixe. Il songeait à s'enfuir à la Trappe, au Carmel, à la grande Chartreuse, ou dans quelque autre solitude, *pour y pleurer sa pauvre vie, pour essayer si le bon Dieu voudrait bien encore lui faire miséricorde.* Deux fois en dix ans il avait tenté de réaliser cette idée ; les manifestations très-claires de la volonté divine lui avaient fait comprendre que cette pensée était pour lui une tentation ; mais, sous une forme ou sous une autre, cette tentation revenait encore vaguement l'assaillir. On l'a entendu souvent répéter en tremblant : *C'est une chose affreuse que de passer d'une cure au tribunal de Dieu.*

Mgr Chalandon [1], évêque de Belley, qui avait

---

[1] Aujourd'hui archevêque d'Aix. — Mgr Chalandon avait une vénération profonde pour le curé d'Ars. — Nous avons entendu naguère des prêtres du diocèse de Nîmes nous rappeler avec émotion quelques traits d'un sermon *tout entier sur le curé d'Ars*, prêché par le digne prélat à une retraite pastorale. Mgr comparait son pieux ami aux plus grands saints du christianisme. L'épisode de la croix d'honneur ci-après, nous a été rapportée par l'un de ces prêtres.

hérité de l'estime profonde de son vénérable prédécesseur (Mgr Devie) pour le curé d'Ars, crut honorer les débuts de son épiscopat en lui en donnant un témoignage public. Il vint donc à Ars, où M. Vianey, prévenu de son arrivée, alla le recevoir selon l'usage, à la porte de son église. Là, le prélat prend le camail d'honneur dont il voulait le gratifier, et le lui passe autour des épaules, au milieu de la joie et de l'allégresse du nombreux concours des fidèles présents à la cérémonie. Un seul cependant ne partageait point la satisfaction générale : c'était l'humble curé d'Ars, tout confus, et dont l'embarras et la peine intérieure étaient visibles à tous les yeux.

Vers le milieu de ce même jour, comme M. Vianey, en revenant de la maison de la *Providence*, rentrait dans son église, quelqu'un l'aborda en lui disant : « M. le curé, on vous a porté aujourd'hui un joli manteau. — *J'aurais mieux aimé un coup de bâton,* » répondit-il. Quelques jours après le camail était vendu trente

francs, et cet argent passait aux mains des pauvres.

Comme le grand solitaire saint Antoine, à qui
les empereurs écrivaient au fond de son désert
pour implorer l'appui de ses prières, le bon
curé d'Ars a vu les plus augustes personnages
recourir à lui pour obtenir du Ciel une faveur
insigne, la réalisation du vœu le plus cher à un
père et à un souverain. Le pieux pasteur pria
pour la France et pour les heureuses destinées
de sa patrie. Mais quand plus tard son évêque
vint, de la part du souverain reconnaissant, lui
porter la croix de la Légion d'honneur, « Que
m'apportez-vous là, monseigneur, lui dit l'humble curé, sont-ce des reliques ? — Non, mon
cher curé, répondit l'évêque, c'est la croix
d'honneur. — Oh ! que pourrais-je en faire ! reprit M. Vianey tout confus ; veuillez, je vous
prie, monseigneur, la donner plutôt à mon
vicaire. » Cette croix de chevalier ne parut que
sur le cercueil de l'humble prêtre. Lorsque,
quelques jours après sa nomination, on l'avait

sollicité d'écrire une lettre de remerciement à
l'empereur, on obtint tout d'abord cette réponse :
*J'aurais bien mieux aimé de l'argent pour mes
pauvres, qu'une décoration qui m'est bien inutile.*

Si la puissance des saints tient à leur simplicité comme on l'a dit souvent, pourquoi serions-
nous surpris du merveilleux ascendant du curé
d'Ars sur les âmes ? La simplicité le revêtait de
la tête aux pieds de ses charmes puissants. « C'est
elle, ajoute M. Monnin, qui donnait à toutes ses
œuvres un cachet inimitable de grâce, qui faisait
que la persuasion découlait de ses lèvres avec
une merveilleuse éloquence, que, jusqu'à son
silence et à son inaction, tout en lui respirait
je ne sais quoi de céleste qui chassait le mal
et produisait le bien.

« Malgré sa sublime sainteté, les pécheurs
étaient attirés à lui comme en dépit d'eux-mêmes,
et tous recevaient de ce contact quelqu'une de
ces heureuses blessures qui, une fois faites, ne
se ferment plus.

» On se sentait pur et bon lorsqu'on était avec lui. La sagesse et la charité s'épanchaient de son cœur. Ses larmes étaient douces ; ses manières, suaves et attrayantes comme une vision du ciel, inspiraient à la fois la paix et un respect mêlé d'amour et de confiance. L'air autour de lui semblait rempli d'un secret enchantement. C'était quelque chose de semblable à ce qu'éprouvaient les apôtres auprès de Notre-Seigneur..... »

CHAPITRE IX

Maladie et mort du curé d'Ars [1].

Depuis quarante années le bon curé d'Ars menait en toute simplicité et humilité cette vie de dévouement, de prières et de bonnes œuvres. Il était parvenu à la vieillesse. Mais que lui importait l'âge? Tant qu'il lui resterait un souffle de forces, il voulait le consacrer tout entier au service du divin Maître et au salut des pauvres pécheurs. On ne concevait pas cependant qu'avec un tel genre de vie il pût exister... Je me trompe,

[1] Les détails de ce chapitre et des suivants nous sont fournis par M. l'abbé Monnin, missionnaire et ami du curé d'Ars. Nous n'oserions puiser à une autre source le récit d'une fin si touchante et dont l'unique caractère est son *étonnante simplicité*.

on était tellement habitué à jouir de lui, à croire au miracle de sa conservation, qu'on ne songeait point que ce miracle dût cesser un jour. Rien d'ailleurs ne faisait pressentir la fin de ce bon vieillard, tant il avait eu soin de dissimuler jusqu'au dernier moment les défaillances de la nature épuisée, succombant sous le poids de la fatigue et du travail.

On avait appris avec peine seulement qu'en se levant au milieu de la nuit pour retourner auprès de ses chers pécheurs, le bon curé était tombé plusieurs fois de faiblesse dans sa chambre et le long de son escalier. On avait remarqué aussi que cette toux aiguë dont il souffrait depuis vingt-cinq ans, était plus continue et plus déchirante : pour lui, il se contentait de répondre en souriant : *C'est ennuyeux, ça me prend tout mon temps.*

Cependant les nombreux et charitables amis du bon pasteur ne négligeaient rien pour essayer de prolonger une existence aussi précieuse. Plusieurs d'entre eux même semblaient ne rêver qu'aux

moyens d'alléger le poids du labeur de l'infatigable
ouvrier qui voulait mourir à la peine et succomber
dans un long et douloureux martyr. — On cite à
ce sujet un trait charmant qu'on aime à rappeler.
Bien qu'il craignît beaucoup le froid, le saint
curé ne voulut jamais prendre aucune précaution
pour s'en garantir. Or, pendant un hiver rigou-
reux, un de ses plus dévoués amis s'avisa de
placer sous son confessionnal un plancher à cou-
lisse dans lequel se cachait une bouillotte. Le
moyen réussit pour le mieux; le saint s'y trompa
lui-même. « Dieu est bien bon, disait-il avec attendrissement, cette année qu'il a fait si froid,
j'ai toujours eu les pieds chauds. »

Moins heureux fut ce même ami lorsqu'il essaya
de doubler avec des coussinets les parois intérieures
du confessionnal où l'intrépide ouvrier passait de
si longues heures dans la même position : le len-
demain, le bon curé, dans un mouvement de
sainte indignation, arracha tous ces coussinets et
en fit disparaître les lambeaux [1].

[1] Pendant tout le temps que dura la maladie du curé d'Ars,

Mais tous ces divers soins d'une amitié dévouée étaient désormais inutiles. Le pieux curé d'Ars se reposait enfin de ses labeurs, il allait devenir *rentier* à son tour selon son expression : le Ciel allait clore le miracle de son existence.

« Cette fin, dit M. Monnin, n'a pas eu d'autre caractère que son étonnante simplicité. Le *bon saint* a voulu être modeste dans sa mort comme il l'avait été dans sa vie.

» Beaucoup s'attendaient à voir se manifester, à cette heure suprême, ces transports d'amour, ces ravissements, ces accents enflammés et ces saintes larmes dont la source était devenue de jour en jour plus abondante; mais rien de tout cela !....

» On eût dit qu'il voulait continuer à se cacher, à s'envelopper le plus possible d'ombre et de silence. Il a eu la mort qu'il aurait préférée, s'il avait eu la liberté du choix.

le même ami, monté sur le toit du presbytère, arrosa continuellement les murs et le couvert, pour entretenir une fraîcheur salutaire autour du saint malade.

» On a retrouvé jusque dans les solennités du dernier moment l'homme habitué à vivre dans cette atmosphère de gloire et de vénération qui l'entourait, aussi calme, aussi simple, aussi tranquille que s'il avait été seul, tant le surnaturel et le divin étaient en lui comme naturalisés.

» Un grand écrivain catholique a dit que *l'homme allait rarement au bout de lui-même.* Cet effort impossible, il l'avait accompli.

» Il est tombé sans force et sans voix, presque anéanti, avec la connaissance pourtant qu'il a gardée entière jusqu'à la fin, et une parfaite sérénité d'esprit, privilége bien remarquable pour qui sait à quel degré la crainte de la mort et la terreur des jugements de Dieu agitaient cette âme si généreuse et si pure [1]. »

Recueillons quelques détails sur les derniers moments du vénérable vieillard. Les fortes chaleurs de juillet l'avaient cruellement éprouvé. Le vendredi, 29 de ce mois il fit son catéchisme comme à l'ordinaire, passa seize ou dix-sept heures au

[1] M. l'abbé Monnin.

confessionnal, et termina sa laborieuse journée par la prière. Mais en rentrant chez lui, plus rompu, plus exténué que de coutume, il s'affaissa sur une chaise en disant : *Je n'en peux plus.*

La nuit suivante, le samedi vers une heure du matin, voulant se lever pour aller à l'église, il s'aperçut d'une insurmontable faiblesse. Il appelle ; on arrive.

« Vous êtes fatigué, M. le curé.

— Oui, répond-il, *je crois que c'est ma pauvre fin* [1].

— Je vais chercher du secours.

— Non, ne dérangez personne, ce n'est pas la peine. »

Le jour venu, M. le curé ne parla point de célébrer la sainte messe. Il semblait condescendre à tous les soins qu'il avait jusque-là repoussés. Il

[1] Le curé d'Ars avait prévu et annoncé sa mort. On lui avait fait cadeau d'un très-beau ruban pour soutenir l'ostensoir à la procession du saint Sacrement: « Je ne m'en servirai qu'une fois, » avait-il dit. Et lorsque, peu de jours avant sa dernière maladie, on lui présenta à signer son mandat de desservant : « Ce sera, dit-il, pour me faire enterrer. »

ne voulut pas néanmoins qu'on se servît d'un éventail pour le garantir des insectes.

« Laissez-moi, dit-il, avec les mouches.

— Vous souffrez beaucoup, » lui disait-on. Un signe de tête résignée était sa réponse.

On ne pouvait plus douter de la gravité du mal. Dès le premier moment, M. Vianey avait envoyé chercher son confesseur, M. le curé de Jassans, paroisse distante d'Ars de trois quarts d'heure environ. Deux médecins avaient été appelés en même temps. Ne pouvant réchauffer ses membres sur une paillasse, le bon vieillard avait consenti à être placé sur un matelas; mais, comme il n'avait pas froid à la tête, il voulut conserver son oreiller de paille.

Qu'on se figure la consternation produite dans tout le village par l'absence de M. le curé, quand le matin on ne le vit pas sortir de son confessionnal à l'heure ordinaire!... Une douleur profonde se répandit de proche en proche, lorsqu'on apprit le motif de cette absence. Le digne prêtre était si vénéré, tant aimé ! « Nul homme, peut-être, n'a suscité des sympathies aussi chaudes, des dévouements aussi purs, aussi sincères, aussi persévérants que M. le curé d'Ars... Sans parler des missionnaires diocésains, dont le saint curé disait, dans ce langage empreint d'autant d'humilité reconnaissante que d'exquise sensibilité : « Je ne savais pas ce que c'était que la charité, avant que ces bons messieurs se fussent établis près de moi. » Sans parler des *Frères de la Sainte-Famille*, qui semblaient n'avoir été envoyés à Ars par la Providence que pour alléger l'écrasant fardeau du saint prêtre par mille petites industries qu'ils avaient soin de cacher sous le voile de la plus aimable discrétion !... On a vu successivement venir s'installer à Ars, des étrangers attirés d'abord par la renommée de M. le curé, heureux de vivre quelque temps à l'ombre de la sainteté, de respirer un air tout chargé de foi, de prière et de bénédiction ; puis, tout à coup, subissant ce charme inexprimable dont nous avons parlé, fascinés, retenus, s'attacher à tous les pas du saint prêtre, ne le quitter pas plus que son ombre, faisant le guet aux abords de son confessionnal, le sauvant autant que possible des importunités de la foule, accourant le dégager quand le flot l'inondait, empêchant le désordre et l'encombrement, et ne rêvant qu'aux moyens de lui rendre la vie plus supportable. »

Revenons au cher malade. Les remèdes avaient semblé d'abord opérer. « *Je n'espère pas* encore mourir, » avait déclaré M. Vianey. Ces paroles, connues dans le village, rassuraient les habitants, chacun y attachant, comme à toutes celles du bien-aimé pasteur, une valeur prophétique. Hélas ! les *espérances* du saint prêtre devaient être devancées.

« Pendant trois jours, poursuit M. Monnin, tous les moyens que la piété la plus ingénieuse peut inspirer furent mis en œuvre pour fléchir le Ciel : vœux à tous les saints du paradis, demandes de prières à toutes les communautés religieuses, pèlerinages à tous les sanctuaires. Mais les desseins de Dieu de couronner son grand serviteur devenaient toujours plus manifestes.

» Le mardi soir, il demanda à être administré. La Providence avait amené pour cette heure, afin qu'ils fussent témoins de ce grand spectacle, des prêtres des diocèses les plus lointains : la paroisse entière y assistait.

» Une personne qui avait le droit de l'approcher, vint à mains jointes le supplier en ce moment de demander à Notre-Seigneur sa guérison. Il fixa sur elle son regard brillant et profond, et sans dire une parole, il fit signe que non.

» On vit des larmes silencieuses couler des yeux du saint malade, lorsque la cloche annonça la suprême visite du Maître qu'il avait tant adoré. Quelques heures plus tard, il en répandit encore ; ce furent les dernières, des larmes de joie.... Elles tombèrent sur la croix de son évêque,

» Mgr de Langalerie, averti providentiellement de progrès du mal, arrivait haletant, ému, priant à haute voix, fendant la foule agenouillée sur son passage.... Il était temps !... »

Mgr de Belley a redit lui-même sa suprême entrevue avec le saint malade. Laissons les paroles du pieux pontife interrompre un instant le touchant récit de l'heureux trépas du juste expirant dans le baiser du Seigneur.

C'était le 4 août, Mgr accourait en toute hâte, récitant l'office du saint du jour, *un autre bon et fidèle serviteur* : car c'était la fête de saint Dominique ; et comme malgré lui, les paroles de la prière lui rappelaient sans cesse le souvenir du prêtre qu'il venait visiter. « Saint Dominique était avec nous de moitié dans nos prières, mais à tout instant nous voyions apparaître aussi dans nos esprit le bon et saint curé d'Ars.... *Euge, intra in gaudium :* Courage, entrez dans la joie ! Ces paroles doivent arrêter, sinon les larmes que nous versons, au moins nos plaintes, nos murmures, ou même de trop vifs regrets. « Courage, serviteur, entrez dans la joie de votre Maître. » C'est-à-dire, bon et fidèle serviteur, que votre journée est finie. Vous avez assez fait, assez travaillé ; venez, voici votre récompense et le prix de vos labeurs. Et telle est la pensée qui s'empara de notre esprit lorsque, après avoir béni le saint malade, prié avec lui et pour lui, nous fûmes comme porté par le flot des fidèles en larmes jusqu'au pied de l'autel. Là nous assistâmes aux prières publiques; là nous entendîmes un de ses fils bien-aimés, un de nos missionnaires qui restaient avec lui, demander un miracle pour le retour de ce père vénéré à la vie et à la santé; et comme, malgré nous, nous ne pouvions nous associer à cette prière, nous nous contentâmes de nous abandonner et de nous unir à la volonté de Dieu. Eh quoi, disions-nous, il a tant travaillé! Il dirait sans doute, comme saint Martin à ses disciples en pleurs : *Non recuso laborem*, « je ne refuse pas de travailler encore! » Lui, si bon, en voyant nos larmes, il eût consenti à vivre; mais nous, vraiment, pouvons-nous bien le demander? Il est fatigué, épuisé; il semblait ne se soutenir que par un miracle; Dieu ne nous l'a-t-il pas assez longtemps laissé? Nous avons besoin de lui; mais lui, il a besoin de repos, il a droit à la récompense : qu'il entre donc, qu'il entre enfin dans les joies de son Dieu : *Intra in gaudium Domini tui*. Et d'ailleurs, serait-il tellement perdu dans les joies du ciel, qu'il ne puisse encore penser à nous, prier pour nous et nous servir? Le ciel est si près de la terre, puisque c'est Dieu qui les unit!

» Courage! courage! dans le sein de Dieu où il se repose, le curé d'Ars n'est pas tout entier perdu pour nous [1].... »

La nuit même qui suivit cette sainte et touchante entrevue du pieux curé d'Ars avec son évêque, devait être pour lui la dernière ici-bas. Vers deux heures du matin, sans secousse, sans agonie, sans violence, Jean-Baptiste-Marie Vianey s'endormait doucement dans les bras du Seigneur, pendant que le prêtre chargé de réciter les prières de la recommandation de l'âme prononçait ces paroles : *Veniant illi obviam sancti angeli Dei, et perducant eum in civitatem cœlestem Jerusalem* [2].

« Deux heures du matin!... c'était l'heure de laudes, remarque son pieux ami et biographe, et

[1] Oraison funèbre du curé d'Ars, par Mgr de Belley.

[2] Que les saints anges de Dieu viennent à sa rencontre, et l'introduisent dans la céleste cité de Jérusalem.

dans tous les couvents de réguliers, où se célèbre l'office nocturne, on chantait dans le moment même en l'honneur de saint Dominique, ces paroles de l'hymne des confesseurs :

> Dies refulsit lumine
> Quo sanctus hic de corpore
> Migravit inter sidera.

O bien-aimé, vénéré et saint pasteur. Oui, vous êtes entré dans la Jérusalem céleste, nous en avons la confiance. « Vous êtes entré désormais dans la joie, le repos et la paix : *Intra in gaudium Domini tui*. Vous y avez été introduit par cette Mère de miséricorde que vous aimiez tant, et dont vous portiez le nom; vous y avez été introduit par Jean-Baptiste, votre patron, ce saint si humble et si grand; par sainte Philomène, votre patronne d'adoption, qui semblait revivre en vous et cacher son nom sous le vôtre, comme vous cachiez votre nom sous le sien. Ah! de ce séjour de la gloire et du bonheur, veillez encore, veillez toujours sur nous [1]!... »

[1] Mgr de Belley, *Circulaire*, etc.

CHAPITRE X

Ses funérailles.

Le curé d'Ars venait donc de rendre sa belle âme à Dieu, entre les bras du fidèle compagnon de ses travaux, M. l'abbé Toccanier, des autres missionnaires du diocèse, qui furent tous ses amis, et de M. le comte des Garets, maire d'Ars, son ami de trente ans, en présence des bons Frères de la Sainte-Famille, qui l'avaient servi pendant douze ans avec un zèle si tendre, et de quelques autres personnes dévouées... A l'annonce de l'affligeante nouvelle, *M. le curé est mort*, de l'église, où la foule était restée en prières, de chaque maison du village, où la tristesse et l'inquiétude avaient tenu tous les habitants éveillés, on se précipita aussitôt vers le presbytère.

Comment croire à un tel malheur ? On comptait sur un miracle, on était persuadé qu'il aurait lieu encore, comme dix-huit ans auparavant, en des circonstances aussi critiques.... Les hommes avaient tant besoin de ce *bon saint !* Dieu devait-il rappeler son serviteur avant que tout ce qui souffre fût soulagé, tout ce qui pleure consolé, tout ce qui s'égare remis dans le bon chemin, avant que toute brebis errante fût ramenée au bercail ? On se berçait donc de l'espérance qu'il resterait encore longtemps sur la terre. Ars d'ailleurs ne se concevait pas sans son curé, sans son église toujours ouverte et toujours pleine, sans son clocher sonnant l'*Angelus* au milieu de la nuit, sans son confessionnal assiégé, sans le *bon saint* qui était le soleil de ce petit coin de terre privilégié, qui lui donnait la vie, qui communiquait à l'atmosphère l'odeur de la vertu [1]...»

[1] M. Monnin.

Pendant que ces réflexions se faisaient au-dehors, des mains sacerdotales se hâtaient de revêtir le cher défunt de l'humble rochet sous lequel on était habitué à le voir et qu'il portait presque toujours. Déjà son corps avait été lavé avec un soin respectueux, comme on aurait pu le faire d'une sainte relique. Un frère de Saint-Jean de Dieu, de la maison de Paris, sollicita et obtint la faveur de raser ce visage empreint de tant de bonté. Durant ce temps, les prières, les invocations et les larmes ne cessaient point. M. le maire d'Ars, s'approchant alors du lit mortuaire, prit la main du défunt, et lui fit, au milieu de ses pleurs, ce touchant adieu qui émut tous les assistants. « Vous avez été notre ami sur la terre, soyez notre ami dans le ciel ! »

Une pauvre salle basse, décorée à la hâte de modeste tentures blanches, semées de fleurs et de couronnes, fut comme un sanctuaire où, dès l'aube, et pendant deux jours et deux nuits, sans relâche ni fin, on vit accourir et se presser une foule incessamment renouvelée, et toujours grossissant à mesure que la nouvelle de la mort se répandait au loin. On avait eu soin, pour éviter les pieux larcins, de mettre sous le séquestre tous les objets qui avaient appartenu au *saint* curé. Si, malgré les mesures les plus sévères, on n'a pu encore tout prévenir à cet égard, il est juste de dire néanmoins que le plus grand ordre n'a cessé de régner dans cette foule excitée par un vif empressement, mais contenue par un respect plus vif encore.

« Que de touchants détails, que de ravissants épisodes l'on aurait ici à rapporter ! ajoute le pieux missionnaire dont nous reproduisons le récit. Comme la douleur, la reconnaissance et l'amour ont trouvé pour s'exprimer de belles et attendrissantes paroles ! A cette sainte dépouille, les uns apportaient des gémissements et des soupirs, d'autres d'ineffables espérances, tous de la vénération, des prières et des larmes ; il y avait en effet dans cette mort quelque chose qui faisait pleurer la joie et sourire la tristesse.

« Il aurait fallu entendre ce qui se murmurait

tout bas et se proclamait tout haut : Malades guéris ! pauvres secourus ! malheureux consolés ! existences retirées du gouffre ! consciences rétablies dans l'ordre et dans la paix ! vocations orientées ou affermies ! âmes replacées sur le chemin du ciel !... Quelle oraison funèbre on aurait pu faire de tous ces bruits qui montaient de la foule !

» Deux frères de la Sainte-Famille se tenaient auprès du lit de parade protégé par une forte barrière des contacts trop immédiats, et leurs bras se lassaient de présenter à ces mains habituées à bénir les objets qu'on voulait faire toucher. Dire ce que l'on a appliqué à ces restes vénérés, de croix, de chapelets, de livres et d'images, et quand les boutiques si nombreuses du village furent à peu près épuisées, de linges, de bijoux, etc., serait impossible.

» Malgré l'excessive chaleur, on put conserver le corps à découvert jusqu'à la nuit qui précéda les funérailles, sans qu'il offrît la moindre trace de décomposition. Le saint semblait dormir ;

ses traits avaient leur expression habituelle de douceur, de calme et de bonté ; on eût dit même qu'ils subissaient peu à peu une transformation lumineuse.

» Samedi, à l'heure dite, Monseigneur étant arrivé, le cortége s'organisa. Dès le point du jour, des masses compactes de population affluaient par tous les chemins ; des étrangers, dont les calculs les plus modérés portent le nombre à six mille, inondaient les rues du village. Trois cents prêtres étaient venus des diocèses de Belley, de Lyon, de Grenoble et d'Autun, quoique la circonstance du samedi en eût retenu beaucoup. Presque tous les couvents de la contrée avaient là leurs représentants. Le P. Hermann, un des hommes sur lesquels le saint curé avait toujours fait la plus vive et la plus profonde impression, étant dans le voisinage, ne pouvait manquer d'accourir. M. le curé de Trévoux, M. l'abbé de Serezin, chanoine de Belley, M. le comte des Garets, maire d'Ars, et M. le sous-préfet de l'arrondissement, tenaient les coins du poêle. Le deuil

était conduit par MM. les missionnaires de Pont-
d'Ain, qui formaient la famille spirituelle du
saint curé, et par sa parenté de Dardilly.

» Jusqu'à la levée du corps, tout fut pour le
mieux : femmes et enfants de la paroisse, confréries, membres des communautés religieuses,
clergé régulier et séculier, se rangèrent sur deux
lignes dans l'ordre le plus parfait; mais à peine
le cercueil fut-il sorti, qu'on vit se renouveler
le mouvement électrique qui éclatait d'une manière si spontanée et si irrésistible chaque fois
que le bon saint paraissait; et tant qu'a duré
la marche triomphale du saint corps à travers
le village, il fut impossible de maîtriser le flot.

» Celui qui serait tombé tout-à-coup au milieu de ce spectacle n'aurait assurément pas cru
assister à des funérailles. On peut douter que
jamais prince ou empereur vivant ait excité, sur
son passage, une explosion de sentiments aussi
vifs et aussi sincères que ceux qui entouraient
ce pauvre prêtre mort.

» Arrivé sur la place de l'Eglise, l'immense

convoi s'arrêta. C'est là que Monseigneur avait résolu de prendre la parole, pour dire en face de son cercueil, ce *qu'avait été le bon et fidèle serviteur qui venait d'entrer dans la joie de son Maître.*

» *Euge, serve et bone fidelis, intra in gaudium domini tui.* Ce fut le texte de son discours ; quant au discours lui-même, il est de ceux qui ne s'analysent pas. Est-ce qu'on analyse l'inspiration, l'enthousiasme, la sensibilité et tous les grands mouvements de l'âme ? Il nous a semblé, en écoutant cette parole si forte, si douce, si pénétrante, que c'était là de la vraie, de la bonne éloquence ; le vaste auditoire a jugé comme nous, et il l'a prouvé par ses larmes et son émotion soutenue....

» La messe solennelle suivit l'oraison funèbre ; elle fut célébrée par M. l'abbé Guillemin, vicaire général, ancien secrétaire de Mgr Devie, et, à ce titre, vieil ami du défunt.

» L'église était vingt fois trop petite pour contenir le peuple qui se pressait aux portes. Il fallut qu'une brigade de gendarmerie en défendît l'enceinte, ouverte au seul clergé, aux autorités et à la famille.

» On a remarqué avec une grande édification, que pendant la célébration des saints mystères, un recueillement profond, un silence religieux n'ont cessé de régner autour de l'église, et que la foule est restée agenouillée au moment le plus solennel du sacrifice.

» Après l'absoute faite par Monseigneur, le corps du saint prêtre a été porté dans la chapelle de Saint-Jean-Baptiste, à côté du confessionnal où il a consommé son martyre, où il répandait d'une main si généreuse les trésors de la miséricorde de son Maître [1]...»

[1] *M. le curé d'Ars, sa mort et ses funérailles*, par M. l'abbé A. Monnin.

CHAPITRE XI

Nous avons voulu, nous aussi, nous donner la consolation de venir pleurer et prier sur le tombeau du grand serviteur de Dieu. Qu'on nous permette, en terminant, de raconter en toute simplicité ce pèlerinage *posthume*. Si nous trouvons un charme mélancolique à redire ce que nous avons vu, éprouvé, nos lecteurs, nous l'espérons, trouveront eux-mêmes dans ce fidèle récit quelques bonnes pensées à recueillir, quelques édifiants tableaux à contempler; et plus d'un, peut-être, sera tenté de venir à son tour vénérer les traces d'un si grand ami de Dieu dans cet humble village, auquel le Seigneur réserve sans doute dans un avenir prochain une magnifique destinée !

C'était vers la fin du mois d'octobre. J'avais assisté à la splendide fête qu'Avignon venait de célébrer avec tant d'enthousiasme, en l'honneur de sa glorieuse patronne, Marie, la Vierge immaculée [1]. Le dimanche suivant, j'étais à Lyon, revenant à Paris. Après avoir ouï la messe à Fourvières, je montai dans un wagon du chemin de fer qui devait m'arrêter à Villefranche, la station la plus voisine du village d'Ars.

La matinée était humide et froide : les brouillards du Rhône et de la Saône enveloppaient déjà Lyon. Ils se dissipèrent bientôt par degrés et les rives agréables de la Saône qui s'étalent à droite, ne se dérobèrent point entièrement à notre vue. Moins d'une heure après on faisait halte à Villefranche. Un omnibus attendait à la gare; il prit quelques voyageurs pour Ars; j'étais de ce nombre.

Nous roulions au trot de deux chevaux vigou-

[1] Les 23 et 24 octobre.

reux sur cette route réparée et gracieuse de Villefranche à Ars qu'ont parcourue des milliers de pèlerins. Nous traversâmes bientôt un joli pont en fil de fer, jeté récemment sur la Saône. Mais le temps était toujours sombre et triste; les feuilles des arbres agités par le vent d'automne tombaient sur le chemin. En vain je cherchais devant mes yeux quelque paysage riant; tout semblait me répondre que cette contrée n'avait plus le même charme, et qu'un deuil général planait désormais sur elle, depuis qu'elle avait perdu le *saint*, l'humble serviteur de Dieu, qui en faisait la vie et toute la renommée.

Cependant quelques objets pieux s'offrent à mes regards. Ici, à gauche, sur un tertre au bord de la route, et à l'entrée d'une sorte de parc, c'est une belle et haute statue de la Vierge immaculée : un peu plus loin, à droite, c'est une grande croix plantée sur le chemin. Je crus y lire sur le piédestal : *Croix de mission* ou de *jubilé*. Mes compagnons de voyage, sauf un seul, étaient descendus en route. Au lieu de ce flot de pèlerins que chaque voiture naguère déversait à Ars, deux seulement allaient donc arriver avec moi. Nous approchons du village. Un sentier que nous prenons à droite nous conduit par une pente facile et douce jusqu'aux premières maisons. Arrivé là, notre cocher se dirige vers une auberge, dans le haut du pays, comme vers un faubourg. Pourquoi donc, lui dis-je, n'entrez-vous pas dans le village ? — Monsieur, me répond-il, *parce que c'est aujourd'hui dimanche.* Aujourd'hui, les voitures ne peuvent pas circuler dans les rues, pour ne pas troubler les offices et déranger les habitants. »

Je fus singulièrement édifié de cette réponse, et j'admirai cette puissance d'un curé de campagne qui est parvenu à faire régner autour de lui un si grand respect pour le *jour du Seigneur*, tandis qu'ailleurs, presque partout, du moins en France, la sainteté de ce jour est méconnue et profanée par d'incessants travaux.

La pluie tombait ; l'aspect du village était triste. Je m'acheminai aussitôt vers l'église : en traversant les rues, je vis toutes les boutiques fermées, celles-là même en grand nombre où se vendent des médailles, des images et autres objets de piété. Si cette absence d'étalage au saint jour du dimanche rend le village moins brillant, moins animé, les bons habitants d'Ars suppléent d'une autre manière à l'ornement de leurs maisons. Presque toutes en effet, au-dessus de la porte ou sur la façade, sont décorées d'une statuette de la sainte Vierge ou de quelque saint. La plupart de ces images sont encadrées dans des niches entourées de fleurs, de feuillages verts et offrant l'aspect le plus gracieux. J'imagine qu'aux jours de dimanche cette touchante et simple décoration reçoit un nouveau lustre de la piété des paroissiens. Ainsi, tandis qu'ils viennent prier dans l'église, leurs demeures bien gardées sont bénies elles-mêmes par les saints hôtes protecteurs qu'ils y ont laissés, et le jour du Seigneur est pour le village tout entier, maisons et habitants, un vrai jour de repos et de bénédiction.

Je n'oublierai jamais l'impression d'aise et de contentement que j'éprouvai en entrant dans la petite église d'Ars. Quand on visite l'une de nos paroisses de campagne, le plus souvent une pensée triste vient affliger l'âme du chrétien. C'est celle que fait naître la vue de l'état de pauvreté, de dénuement de cette église. Et quoi ! se dit-il avec douleur, lorsque partout aujourd'hui, non-seulement chez les citadins, mais chez le villageois et l'homme des champs, on voit régner le luxe ; lorsque partout dans nos propres demeures on découvre de riches ameublements et un élégant confortable, est-il juste que la pauvreté et le dénuement se retrouvent uniquement dans le domaine de Dieu ici-bas ? Oh ! combien ce déplorable spectacle accuse l'indifférence religieuse de notre siècle !

Mais ici, du moins, dans l'église d'Ars, le cœur du chrétien est satisfait, il respire à l'aise ; il sent que l'hôte divin de la terre y reçoit des hommages moins indignes de sa grandeur infinie... En effet, tableaux, sculptures, châsses, reliquaires riches et nombreux, ornements de toute sorte, tout ici annonce que la foi a décoré ce temple et s'est efforcé de l'embellir pour le Dieu bon qui ne dédaigne pas d'y venir faire sa demeure. On croirait entrer moins dans une de nos paroisses de campagne, que dans l'une de ces charmantes églises des villages d'Italie ou des cantons catholiques de Suisse, restés fidèles encore aux chères croyances de leurs aïeux. Cinq chapelles rayonnent tout autour : celles de la Sainte-Vierge et de l'*Ecce homo* à droite; celles de Saint-Jean-Baptiste, de Sainte-Philomène et de Sainte-Agnès à gauche : chacune d'elles a sa décoration spéciale. Nous avons parlé ailleurs des chapelles de la Sainte-Vierge et de Sainte-Philomène. Dans celle de Saint-Jean-Baptiste est le confessionnal qui fut durant tant d'années la demeure presque habituelle d'un humble prêtre, tout dévoué au salut des pauvres pécheurs.

Voilà tout auprès de ce tribunal de miséricorde la modeste chaire d'où tant de paroles de la plus ardente charité sont tombées sur des cœurs avides de les recueillir ! Au milieu de la nef, au pied de cette chaire, voici enfin le tombeau du serviteur de Dieu. Sa dépouille mortelle repose là, sous une pierre qu'entoure un grillage de fer et que recouvrent des fleurs et des couronnes. Je tombai à genoux, et le cœur ému, les yeux humides de larmes, j'invoquai la protection du pieux pasteur dont les restes vénérés sont là sous cette froide pierre, tandis que son âme pure et généreuse se repose enfin, comme tout le fait espérer, de ses long labeurs dans le sein de l'éternelle félicité.

Je n'étais point seul à prier. De nombreux fidèles étaient aussi agenouillés autour de ce simple monument, priant avec ferveur et confiance. Parmi eux je remarquai un jeune soldat. Il était dans l'attitude du plus profond recueillement... Etant revenu plus d'une heure après dans l'église, je retrouvai ce même soldat à la même place. Il était toujours là, humblement recueilli. Il montait sa garde, à genoux, en silence, amené peut-être à ce poste d'honneur par la reconnaissance d'un bienfait obtenu. J'ignore l'histoire de ce brave jeune homme... Dieu la connaît, et sans doute aussi le prêtre charitable dont nous vénérions ensemble la dépouille.

Après cette première station dans l'église d'Ars, je sortis par la porte latérale, voisine du presbytère. Quelques bons *frères de la Sainte-Famille* se trouvaient là, sur le seuil, causant avec de jeunes garçons. Un prêtre était aussi dans ce groupe. Je reconnus en lui l'abbé Toccanier. Pour lui, apercevant un nouveau pèlerin, il devina aussitôt ma pensée. « Vous n'avez pas vu la chambre de M. le curé ? me dit-il, voulez-vous monter la voir ? » Je le suivis dans le presbytère à travers un humble escalier. Un instant après, j'étais à genoux sur le sol qui fut si souvent arrosé des larmes de la pénitence ; je contemplais les quelques images pieuses qui décoraient seules l'humble chambre, et ce pauvre lit, où durant tant d'années, ce fidèle serviteur de Dieu vint reposer, un court instant chaque nuit, ses membres desséchés par le travail. « C'est là qu'il est mort ! » me dit mon guide... Ce furent toutes ces paroles ; ses yeux, comme les miens, se mouillaient de larmes. Nous restâmes un moment en silence... Mais l'heure des vêpres approchant, je dus abréger ma visite. Je sortis du presbytère singulièrement ému. Quelques instant après j'étais dans l'église, ayant pris place pour l'office du soir au milieu des paroissiens du village d'Ars.

L'église et les chapelles étaient remplies... J'admirai la bonne tenue et le recueillement de tous les assistants. Les hommes placés dans le chœur ou dans le bas de la nef formaient une bonne partie de la pieuse assemblée. Bien que sans orgues ni accompagnement, le chant des vêpres me parut grave et solennel... Il fut suivi du chapelet, puis la foule sortit, pendant que des groupes de fidèles allaient dans les chapelles de la Sainte-Vierge et de Sainte-Philomène, ou bien se rapprochaient de la tombe du bon curé, afin de prolonger leurs prières au milieu de plus de calme et de recueillement encore.

Je revins sur la place, où jouaient quelques enfants autour de la grande croix. Mais, peu après, cherchant un abri contre la pluie, j'entrai dans un hôtel voisin (celui de *Notre-Dame* je pense). L'hôtesse, m'abordant, vint m'offrir ses services. « Vous avez peu de monde aujourd'hui, lui dis-je. — C'est vrai, Monsieur. Ah ! nous avons bien perdu en perdant M. le curé... Il se trouvait des jours où j'avais vingt-cinq, trente personnes ; je ne savais où loger tout mon monde... C'est bien différent maintenant. Aussi je crois bien qu'il nous faudra quitter le pays. Que faire ici désormais ? — Vous le regrettez donc beaucoup ce bon curé. — Ah ! Monsieur, il était si bon, il faisait tant de bien ! tenez, il passait tous les jours là devant, sous les fenêtres, en allant voir ses malades. Mais, n'importe quel ouvrage nous occupât, oh ! comme nous quittions vite tout pour aller sur la porte ! comme ils nous bénissaient tous de bon cœur, le cher homme !... » Et cette brave femme essuyait une larme qui était venue rouler dans ses yeux.

Le moment de mon départ approchait. J'allai revoir un instant, dans la modeste maison des missionnaires, l'excellent abbé Toccanier, à qui j'avais à demander quelques messes. Il venait de prêcher dans la chapelle des Sœurs. Il me montra un grand registre de souscription pour continuer les œuvres du curé d'Ars, et aussi sans doute pour lui élever un tombeau digne de lui. L'un des souscripteurs s'est inscrit pour *mille francs*.

M. Toccanier, m'ayant donné à mon départ un petit cadre contenant un portrait du curé d'Ars, ajouta ces paroles que je n'oublierai point : « Mettez vite cela dans votre poche, et qu'on ne le voie pas; on croirait qu'un marchand vous l'a vendu : *Ici l'on ne vend jamais rien le dimanche.* »

Je partis vers le soir, touché, édifié de ce que j'avais vu et entendu. La voiture, au retour, était pleine de voyageurs. Parmi eux se trouvaient avec une dame trois jeunes filles devisant entre elles avec l'abandon et la franche gaîté qui vont si bien à cet âge. Parfois cependant elles s'attristaient, disant d'un air peiné : « Oh! comme c'est différent! qu'il y a peu de monde aujourd'hui! *Est-ce que désormais il en sera toujours ainsi?...* »

La réponse aux trois jeunes pèlerines était dans ma pensée : Non, disais-je en moi-même, il n'*en sera point toujours ainsi;* un jour, bientôt peut-être, de nombreux pèlerins, reprenant la route d'Ars, iront vénérer les reliques d'un pauvre curé, proclamé *bienheureux et saint* par la voix de l'Eglise... Tel que *Mattaincourt,* la *Louvesc, Ensiedlen,* etc., Ars va devenir à son tour l'un de ces sanctuaires célèbres où le Ciel honore la tombe d'un grand serviteur de Dieu par des prodiges sans nombre, comme le furent ses bienfaits ici-bas.

Telles étaient mes pensées en approchant de Villefranche. Bientôt un bruit sourd annonce l'arrivée dans la gare du train venant de Lyon. Quelques minutes après, je montais en wagon; le cri perçant du sifflet de la locomotive donnait le signal du départ, et je roulais à toute vapeur vers Paris, emportant de mon pèlerinage d'Ars les plus édifiants souvenirs, mêlés aux plus chères espérances [1].

[1] Nous apprenons que Mgr de Langalerie, évêque de Belley, est parti pour Rome dans le dessein de faire introduire par le Saint-Siége la cause du curé d'Ars. Nos espérances sont donc déjà en bonne voie de devenir des réalités.

FIN.

TABLE

Introduction. v

Chapitre premier. Le village d'Ars. — M. Vianey avant sa nomination à la cure d'Ars. 15

Chap. ii. Un curé de campagne. — Œuvres du curé d'Ars dans sa paroisse. 24

Chap. iii. Les pèlerins. 33

Chap. iv. Suite des pèlerinages. — Anecdotes et faits divers. 42

Chap. v. La journée du curé d'Ars. . . . 53

CHAP. VI.   Sainte Philomène et le curé d'Ars.   .   67

CHAP. VII.   Quelques mots sur les vertus du curé d'Ars.   76

CHAP. VIII.   Humilité, simplicité.   85

CHAP. IX.   Maladie et mort du curé d'Ars.   .   .   101

CHAP. X.   Ses funérailles.   115

CHAP. XI.   Un pèlerinage posthume à Ars.   .   .   124

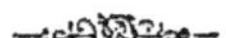

LILLE. — TYP. L. LEFORT. 1860.

VOLUMES IN-12.

ADRIEN ET ÉMILE.

APOTRE (l') DE L'IRLANDE ; histoire de saint Patrice.

BIENFAITEURS (les) DE L'HUMANITÉ.

BIOGRAPHIE DE MOZART.

BLANCHE DE CASTILLE, reine de France, mère de saint Louis.

BON (le) ANGE DES CAMPAGNES.

CHARLEMAGNE ; sa vie et son influence sur son siècle.

CHARLES DE BLOIS, par l'auteur de *Silvio Pellico*.

CHARLES ET FÉLIX, ou les Deux Ateliers. 3e édition.

CHATEAU (le) D'AVRILLY.

CHOIX D'ANECDOTES CHRÉTIENNES.

CLISSON (Olivier de), connétable.

CROISADES (les).

CURÉ (le) d'Ars, M. Vianey.

DÉVOUEMENT (le) FILIAL. 5e édition.

ÉDOUARD, ou le Respect humain vaincu. 4e édition.

ÉPISODES de la campagne de Crimée.

EUGÈNE, ou les Conférences de Saint-Vincent de Paul.

ÉLÈVE (l') DE FÉNELON ; par l'abbé Legris Duval.

FERNAND CORTEZ, ou la Conquête du Mexique.

FÊTES (les) CHRÉTIENNES ; récits offerts aux j. personnes.

FILLE (la) DU PROSCRIT, par l'aut. du *Château de Bois-le-Brun*.

GRANDE-CHARTREUSE (la) par le vicomte Eug. de R.

HENRI IV jugé par ses actes, par ses paroles et par ses écrits.

HISTOIRE DE JEAN BART, par Maxime de Mont-Rond.

HISTOIRE DU MARÉCHAL DE VILLARS.

LES DUBOURG, suivis du Sourd-muet, etc.

MAISON (la) DU DIMANCHE.

MAISON (la) DU LUNDI.

MAITRE MATHURIN; entretiens entre un officier et un jardinier.

MANUSCRIT (le) DE RAOUL, par l'aut. de la *Fille du Proscrit*.

MARIE; scènes et principaux traits de sa vie divine.

MÉDECIN (le) CHRÉTIEN; Vie de M. Lecreps.

MODÈLE des jeunes personnes : Thérèse du Bois-Auger, etc.

NOUVEAUX DRAMES SACRÉS.

PÉDRO, par l'auteur de *Bruno*.

PETERS; épisode d'un voyage en Suisse. 3e édition.

PLANCHE (la) DE SALUT. 3e édition.

PRÉSENT (le) PLUS AGRÉABLE AU CIEL.

PRIX (le) DE LA VIE; suivi de plusieurs nouvelles.

RELIGION (la), poëme, par Louis Racine.

SAINT BENOIT et les Ordres religieux qu'il a fondés.

SAINT FERDINAND, roi de Castille et de Léon.

SAINT PIERRE, prince des apôtres.

SAINT VAAST, suivi d'une notice sur s. Omer et s. Bertin.

SAINTE ADÉLAIDE, impératrice d'Allemagne. 3e édition.

SAINTE HÉLÈNE et son siècle, ou le Triomphe de la Croix.

SIÉGE (le) DE SÉBASTOPOL. 2e édition.

SILVIO PELLICO; sa vie et sa mort. 2e édition.

SŒURS (les) DE CHARITÉ EN ORIENT.

SOIRÉES (les) DE LA FAMILLE.

SOUVENIRS DE L'ARMÉE D'ORIENT.

UNE HÉROINE CHRÉTIENNE : Anne Félicité des Nétumières.

UNE sOURNÉE bénie de Dieu. P. H. B. V.

UNE RÉUNION DE FAMILLE , suivi des *Trois Héritiers*.

VEILLÉES (les) DU COTEAU.

VERTU ET PIÉTÉ , ou Jeanne et Isabelle de Portugal, etc. , etc.

VERTUS (les) MILITAIRES.

VIE du Bienheureux PAUL DE LA CROIX.

ALBÉRIC , ou le Modèle des apprentis.

ARTHUR DAUCOURT , ou Voyage en Norwége.

ARTISTE (l').

BASILIQUE (la) de Saint-Dénis.

BEAUX (les) EXEMPLES.

BOURSE (la) INÉPUISABLE.

CHARLOTTE ET ERNEST.

CHOIX D'HISTOIRES.

DÉJEUNER (le) DES PAUVRES.

DEUX (les) BOUQUETS.

DOUBLE (la) RÉPARATION.

ENFANT (l') DU NAUFRAGE.

ERNESTINE , ou Pour bien commander il faut savoir obéir.

FAMILLE (la) CLAIRVAL.

FÉTE (la) D'UNE MÈRE.

FILS (le) DU TISSERAND , ou la Charité rend heureux.

FILLE (la) DU FERMIER.

HEUREUX (les) FRUITS DE LA VERTU.

HISTOIRE DE JÉROME.

HISTOIRE D'UN MORCEAU DE PAIN , par J. Chantrel.

HISTORIETTES ET RÉCITS au jeune âge.

MAISON (la) DU TAILLEUR.

MAITRESSE (la) DU LOGIS.

MARIE AU FOYER DE LA FAMILLE.

MAURICE.

MIEL (le) ET LES ABEILLES.

MORALITÉS ET ALLÉGORIES.

NOTRE-DAME DES ROSES.

ORPHELINE (l').

PETITE (la) FAMILLE.

PETITS (les) JOUEURS.

PIERRE VALLÉE.

POUDRE (la) A CANON.

SERPENTS (les) ET LES FOURMIS.

THÉODULE ; *édition retouchée*.

UN BONHEUR MÉRITE.

VALENTIN, ou le Jeune Ouvrier faisant son tour de France.

VASE (le) DE FLEURS.

VÉTÉRAN (le), par Paul Jouhanneaud.

VOYAGE D'UN MORCEAU DE PAIN, par J. CHANTREL.

www.ingramcontent.com/pod-product-compliance
Lightning Source LLC
LaVergne TN
LVHW020131060726
842526LV00004B/1355